前言

为纪念中国人民抗战胜利暨世界反法西斯战争胜利70周年，我们应广西教育出版社之邀，选编这本《血肉筑长城——抗战救亡演讲词精选》，通过那些神情激昂的演讲者和感人肺腑的演讲词，了解老一辈革命志士为中华民族免遭灭顶之灾而奔走呐喊，进而回溯那硝烟弥漫、风雨如磐的战斗岁月，珍惜来之不易的今天。

演讲是表达思想感情的一种方式，为动员抗战而做的演讲，有着鲜明的时代特征，这就是白居易所说的“文章合为时而著”。翻开本书所选的演讲词，哪一篇不是救国救亡的心音？不难想见，这些演讲者在把握时代的脉搏，凝聚时代的焦点，和着时代的节拍，发出时代的怒吼，使得这些演讲动人心弦，鼓舞仁人志士争相投身民族抗战的滚滚洪流之中。

与战场上的刀枪一样，讲坛上的演讲同样是战斗的利器。在民族存亡的危急关头，一篇义正词严、正气浩然的演讲词所发挥的正能量是无法比拟的。法国作家阿尔丰斯·都德短篇小说《最后一课》中韩麦尔先生在家乡沦陷时用母语给学生讲最后一堂课，实际上是一场生动的爱国主义演讲，多少年来一直在不同国度的人们心中扎根，即是明证。《尚书》记载周武王伐商时“称尔戈，比尔干，立尔矛”的动员令，与两千多年后的抗战演讲何等相似！所谓“一人之辩，重于九鼎之宝；三寸之舌，强于百万之师”，同样说出了演讲的巨大威力。

限于篇幅，本书所选演讲词以短小精悍者为主，篇幅长者，则节选其中精彩的部分。这样处理是因为本书为 MPR 出版物，为便于录音和点读，因此不能收录过长的演讲词。

至于所选作品，一般以最初发表者为准。有些作品发表时因种种原由造成舛误过多，则择其后来经过整理者。

有些演讲词存在别字、衍字、漏字、标点断句欠妥等问题，这与当时人们的使用习惯和出版物把关、编校疏忽有关，本书在选编时按现在规范进行处理，限于篇幅，不做夹注。

演讲词是抗日的催征战鼓，又是研究抗战的宝贵史料。通过这些史料还原抗日战争的本来面貌，正谓是：

奋起抗日为救亡
全民上阵持刀枪
文韬武略细研榷
必胜信念坚如钢
团结战斗迎曙光

亲爱的读者，当你读完这些演讲词，不知是否也有这样的感受？

抗战救亡作品诵读系列

血肉筑长城

XUEROU ZHU CHANGCHENG

抗战救亡演讲词精选

黄振南 陈峥 编

GEP 广西教育出版社

图书在版编目（CIP）数据

血肉筑长城：抗战救亡演讲词精选 / 黄振南编写．
—南宁：广西教育出版社，2015.8
ISBN 978-7-5435-8005-3

Ⅰ．①血… Ⅱ．①黄… Ⅲ．①抗日战争—史料—中国
②演讲—中国—现代—选集 Ⅳ．① K265.06 ② I266

中国版本图书馆 CIP 数据核字（2015）第 191832 号

策　　划：夏日炎　韦胜辉　　责任编辑：韦胜辉
责任校对：谢桂清　刘汉明　　装帧设计：梁伟琪

出 版 人：张华斌
出版发行：广西教育出版社
地　　址：广西南宁市鲤湾路 8 号　　邮政编码：530022
电　　话：0771-5865797
本社网址：http://www.gxeph.com
电子信箱：gxeph@ vip.163.com
印　　刷：广西大华印刷有限公司
开　　本：890mm × 1240mm　1/32
印　　张：3.25
字　　数：70 千字
版　　次：2015 年 8 月第 1 版
印　　次：2015 年 8 月第 1 次印刷
书　　号：ISBN 978-7-5435-8005-3
定　　价：8.00 元

目　录

第一辑　奋起抗日为救亡

1931年九一八事变爆发，日本征服中国的狼子野心暴露无遗。而以蒋介石为首的国民政府妥协政策，助长了侵略者的嚣张气焰，致使东三省迅速沦陷。翌年初，日军调转枪口，南下中国最大城市和经济中心的上海寻衅，直逼国民政府首都南京。

然而，令人气愤的是，侵略者兵临国都，软弱卑怯的执政者依旧选择苟且偷安，避敌锋芒。不愿做亡国奴的人们大声疾呼，呼唤四万万同胞奋起抵抗，号召全中国人民一致抗日。在南国广州，彭国新发表题为《现在还不抵抗吗?》的广播演讲，阐明“不抗日无以救国，要救国就必须抗日”的道理，一言一语，充满激情。在都城南京，冯玉祥将军发表演说，纪念被迫解散的察哈尔民众抗日同盟军，力主抗战，“为民族存正气，为国家留完人”，字字句句，刚劲有力。一个名不见经传的普通公民，一个军事委员会的副委员长，在表达抗战意向时表现出惊人的相似，民众抗战热情，更是毋庸赘言。

没错，在中华民族面临亡国灭种的时刻，有良知的中国人怎能无动于衷？辛亥元老沈钧儒，一身正气，在四川旅沪各界反对日本在成都设立领事馆联合大会上慷慨陈词，敦促当政者迅速拯救危亡，发出“只有抗战，从血花和火光中去争取我们民族的生存”的号召，回荡在少城公

园的每一个角落，粉碎了强盗设领觊觎我抗战大后方的图谋。在南京召开的国民党五届三中全会上，宋庆龄告诫当局不能再退让了，“丧权辱国的对日谈判必须停止！”呼吁切实实行孙中山先生联俄、联共、扶助农工三大政策，以拯救面临危亡的中国。洪钟巨声，响彻六朝古都，血性巾帼形象，傲立石头城上。

是的，奋起抗战是全国人民的心声。在红色延安，伟人毛泽东站在时代的制高点上，洞察时局，抨击国民党的不抵抗政策。在为纪念中国工农红军建军十周年召开的第一届抗战动员体育运动大会开幕式上，他饱含激情地号召全国民众，与日本帝国主义殊死搏斗。旋于延安反侵略大会上庄严宣告，全世界反侵略大会将于伦敦举行，全世界大多数好人向少数坏人算总账的时候到了！这振奋精神、鼓舞士气的演讲，响彻云霄，声振林木，巍巍宝塔山为之点头称赞。

为了救亡，奋起抗争，是中华民族的共同意愿。演讲者把这一意愿带上讲坛，亮开嗓门，放声演说，神情激昂，滔滔不绝，汇成淹没侵略者的洪流，飞越千沟万壑，传遍杀敌战场，令人难以忘怀。

现在还不抵抗吗？

彭国新

抗日救国，是我们今日全国民众一致的口号，不抗日无以救国，要救国就必须抗日，这是大家认为毫无疑义的。过去我国的一般国民，对日本常有一种谬妄的见解，即每次受了日本的侵略、屠杀，自己不思振作，不自动地起而御侮，一任他人蹂躏、吞并，而反希望敌人会对我改变态度，改变对华政策而不会再来侵略。日本侵略中国，是一贯的传统政策，自他们的老祖宗至现在，侵略中国丝毫没有减少，且更加积极，如果我们希望日本会减少对华的侵略，除非我们整个的中华民国给他们蚕食净尽，使他们的大陆政策成功，那才会停止，反之，若我们中国能发奋为雄，和他拼一个胜负，使他永不能为患，虽一战而亡，尤胜于坐而待亡，所谓虽败犹荣，虽亡不辱。在目前情势下，我们不自努力，而唯做侥幸的希冀，希望日本会奉回东三省，自动撤兵，简直是缘木求鱼，痴人说梦。

自沪战停息后，政府签订停战协定条件，日军则稍移其军力集中东北，故上海事件现暂告一段落，然上海日军的撤退，因日政府见东北情势的紧迫，义军声势浩大，日本为军事利便计，其对上海问题求从速解决，自当然之事。因日军自占黑龙江后，更因苏俄中东铁路的利益，处处受日军的威胁，俄国边境，有发生警耗之虞，故苏俄亦调兵遣将，日俄风云为之紧张，故近来日本专集中军力于东北，一以胁俄，一以抗制我义军。现更进兵侵热，可知其军事手段，现已移向东北，或更而扰乱平津，以控制我中原，唯现各省民众，一任热边之垂危，充耳不闻，一若

五分钟之热度已过，民气之愈见消沉，或竟忘记东省三千万人民之哀号苦叫，同胞啊！现在不抵抗呢？还是屈服呢？继续一步一步退让吗？热河沦丧，中原震动，中国从此病入膏肓了。成败利钝，在此一举，愿全国同胞奋起而自卫！

【阅读链接】 彭国新，生平不详。本文为1932年8月9日彭国新在广州市发表的广播演讲词，选自广州大学抗日分会编《广大抗日月刊》1932年第7期，第27页。

【作品简析】 1931年，日本为了实现其征服中国的野心，蓄意制造了震惊中外的九一八事变。由于国民政府实行“攘外必先安内”政策，蒋介石严令“绝对不抵抗”，东三省很快沦入敌手。翌年初，日本又制造一·二八事变，国民政府还是不积极抵抗，冀由国际联盟交涉解决。日本的残酷侵略和国民党政府的屈膝投降，激起了全国人民的无比愤怒。彭国新在广州发表的这篇演讲，讲明敌人不会放下屠刀、立地成佛的道理，呼吁全国同胞丢掉幻想，拿起武器进行自卫战争，其“虽一战而亡，尤胜于坐而待亡”之句，声如洪钟，振聋发聩，是鼓舞中华民族保家卫国的宣言。

抗日救亡，匹夫有责（节选）

冯玉祥

民众抗日同盟军举义，转眼之间已到三年。第一周年纪念在烟台举行；第二周年纪念在泰山举行；三周年纪念日，今天在南京举行。回顾三年来的经过，以及现时国家民族危机的严重，瞻前思后，不禁抱有万分隐痛。

三年前日本大举攻察，拟欲乘长城各口战胜之余威，一举而下张垣，进而作南进之企图。当时我在张垣，身边仅有二百手枪队；诸友好多劝我离察，咸以形势紧迫，不可久留。我因忝为军人，志在守土，且平素衣、食、住、行均为百姓所供给，寇来，决不忍舍人民而去，更不忍弃国土以资敌。是时吉林一带大批义军向张垣后退，同时各地民众代表络绎来张，促我树旗抗日。经数日夜之筹划，始于五月念六日通电抗日，成立民众抗日同盟军。

民众抗日同盟军组织意义非常纯正，守土卫民为军人应尽之天职，抗敌图存亦系人民应有之义务。同盟军成立后，曾规定三步工作计划：第一步收复多伦，第二步收复热河，第三步收复东三省。当时最困难之问题，为军费无法筹措。六月溽暑天气，士兵尚有着皮衣皮帽者，经济困难之情形，已可见一斑。通电前，朱子桥先生从上海汇来十万块钱，并以大义相勉。我得此款，始树旗抗日，才能于短期内收复察东四县失地。

……

回忆张垣抗敌至今，瞬已三年；今强邻压境，敌焰大张，河山半壁，名存实亡。在座诸先生，度必与玉祥同感切齿之痛。去岁国家形势日危，举国惶惶，玉祥凛于匹夫有责之义，不敢再度山居生活，遂毅然来京，促成中枢团结之局面。中央坚以军事委员会副委员长相畀，玉祥自愧才能弗胜，力辞未获……中国历史前程，大势所趋，舍求民族之解放与自由以外，殆别无他途。近日国际形势日非，敌人大举增兵，意在囊括我整个之国家，初不仅只限于华北一隅。刻时机已迫，抗敌图存之关键，稍纵即逝。深望各同志奋起努力，自救救亡。玉祥虽愚，当誓本初衷，为民族存正气，为国家留完人也。

冯玉祥像

【阅读链接】 冯玉祥（1882～1948），安徽省巢县（今安徽合肥市巢湖市）人。西北军首领。九一八事变后赞成抗日，1933 年与共产党合作，坚持抗日不懈。本文为 1936 年 5 月冯玉祥在民众抗日同盟军举义三周年纪念大会的演讲词节选，选自《冯玉祥选集》上卷，第 352～354 页，人民出版社 1985 年版。原标题为《民众抗日同盟军举义三周年纪念大会讲演词》，此文标题为编者所加。

【作品简析】 1933 年 4、5 月间，侵华日军越过长城，进逼平津，并侵占察哈尔省（今分属内蒙古自治区和河北省）多伦、沽源等地。冯玉祥坚决反对蒋介石的“不抵抗政策”，在中国共产党的帮助下，成立“察哈尔民众抗日同盟军”并任总司令，收复多伦等察东4 县。在这篇演讲中，冯玉祥高度评价了察哈尔民众抗日同盟军的抗日义举，“守土卫民为军人应尽之天职，抗敌图存亦系人民应有之义务”“为民族存正气，为国家留完人”等名句，斩钉截铁，体现了其深明大义的爱国思想和情操。

从血花和火光中去争取我们民族的生存

沈钧儒

今天个人参加这个集会，感觉很兴奋！中华民族这几年来，受到日本帝国主义者一层深一层的重重压迫，已经快要沦为准殖民地了。要恢复我们的自由和平等，必须要偿付血的代价，发动对日的抗战不可。因此，我们一方面要尽可能地推动政府立即抗战，支持政府抗战到底，一方面要求全国人民大众起来救国，起来抗战！这次成都设领事件，我们不能把它当作只是四川人的事情，它是关系我们整个民族的存亡的问题。日本人在中国的行动，向来不顾什么国际公法、国际信义，在他们帝国主义者的眼中，没有我们的政府，更没有我们的民众。他们想什么，做什么，要什么，随便抢什么，一句话包括，他们的行为是强盗行为而已。再说，最近的走私，他们也是不顾国际公法，也不顾其他各国在华的商业，他们可以动员武装浪人，强词夺理，把私货像水银泻地般地倾倒到各地，这种行为，简直是流氓行为。和强盗流氓还讲什么理？只有抗战，从血花和火光中去争取我们民族的生存！

【阅读链接】　沈钧儒（1875～1963），浙江嘉兴人。早年参加辛亥革命、五四运动，抗战时期积极从事抗日救亡活动，中华人民共和国成立后历任全国政协副主席、全国人大常委会副委员长等职。本文为1936年8月23日沈钧儒在四川旅沪各界反对日本在成都设领联合大会上的演讲词，选自周天度编《沈钧儒文集》第255页，人民出版社1994年版。原标题为《在四川旅沪各界反对日本在成都设领联合大会上的发言》，此文标题为编者所加。

【作品简析】 日本吞并东北后，继续侵略华北、华东，1936年8月23日，田中武夫等4人到达四川成都，准备在此设立领事馆，以便染指中国人民抗战的大后方。当天上午，成都数千群众在少城公园（今人民公园）举行四川旅沪各界反对成都设领联合大会，沈钧儒应邀与会并发表演讲。这篇演讲短小精悍，言简意赅，慷慨激越，既揭露了侵略者的强盗流氓行为，又表达了沈钧儒推动政府抗日的强烈意愿，充分体现了作者的拳拳爱国之心。

实行孙中山遗嘱（节选）

宋庆龄

在这民族生死存亡的关头，国民党三中全会在南京召开，全国人民的眼睛都焦灼地注视着它。中国已经被日本的侵略逼到了忍无可忍的境地，最后牺牲已经不可避免。日本的挑衅已使抗日运动达到了高潮，并且在继续发展中。日本企图占领华北的种种努力是显然失败了，日寇进攻绥远的企图也已经失败，它强迫中国政府接受它的条件也没有成功。中国人民已经立下志愿，下定决心，不再向日本帝国主义让步，而准备收复失地，这在我们的民族生活上有着极重大的政治意义。

丧权辱国的对日谈判必须停止！

最不幸的，还有一些政客依然不了解实际形势而害着“恐日”病。他们过高估计日本帝国主义的力量，过低估计中国人民的力量。这种错误的观念是没有根据的。

日本不能战胜中国。因为第一，它在经济和财政两方面都太脆弱，不能作持久的战争。第二，日本人民本身反对战争，日本人民政治活动的高涨，表示他们对于使日本劳动人民增加重担、沦为赤贫的黩武冒险政策是怎样地忧虑和愤懑。第三，日本兵力在数量上处于劣势。最后的，也是具有决定性的因素，就是中国人民本身已决心抗战到底。

如果认为在远东的一般情势如此不利于日本的时候，日本仍能派遣十五至二十师兵力到中国来作战，那就未免荒谬了。日本以这样区区的兵力，永远没有希望达到它的目的，而事实上日本的工业与后备兵力都不容许它派遣更多的兵力。这小量的兵力分散在中国广大的国土上，不难被数量上占优势、并为自己的生命与国家而作战的中国士兵所粉碎。中国的士兵已经从侵略者手中拯救了绥远，他们一定也会拯救全中国。

胜利将属于谁是毫无疑问的！只要政府能够执行先总理孙中山遗嘱！他在逝世前曾昭示我们，只有忠实执行他的三大政策，才可以救中国。

【阅读链接】 宋庆龄（1893～1981），祖籍广东文昌（今海南文昌），孙中山夫人。抗战时期，在香港组织保卫中国同盟，致力于战时医药工作和儿童保育工作，支持共产党领导的抗日斗争。新中国成立后任中华人民共和国副主席等职。本文为宋庆龄于1937年2月18日在国民党五届三中全会上的演讲词节选，选自《宋庆龄选集》第99～102页，中华书局1966年版。原标题为《实行孙中山的遗嘱——在国民党三中全会上的演词》，此文标题为编者所加。

【作品简析】 西安事变的和平解决，开启了国共两党第二次合作的大门。中国共产党审时度势，提出了停止内战、一致对外等五项要求和四项保证。1937年2月15日，国民党召开五届三中全会，各派对此争论激烈。宋庆龄在会上发表这篇演讲，怒责政客汪精卫等患有“恐日”症，分析了日本不能战胜中国的理由，强调执行孙中山关于与共产党联合等遗嘱。通篇慷慨激昂，气势磅礴，“胜利将属于谁是毫无疑问的”一语，掷地有声，体现了一位女政治家的战斗风范，令人感佩。

全民动员，全面抗战

毛泽东

同志们，日本帝国主义打到华北来了！平津失守了！如果我们还不动员起来抗战，那日本帝国主义就要打到我们这里来了。你们不要以为平津隔我们这里还远呵，我们这里过去就是山西，山西过去，就是日本帝国主义者正在用大炮、飞机轰炸的平津。所以现在全国无论何处，都应该紧急动员起来。苏区是全国抗日模范区，在这个华北危急、中华民族已到最后关头的时候，我们举行这个抗战动员运动大会，是有着极重大的意义的。我们要做一个榜样，表示我们抗战的决心。很久以前，我们就两次三番地对他们说过，希望他们坚决抗战，他们不听，始终动摇不定，始终没有坚决抗战的决心。此次平津失陷，是由于动摇不定，没有抗战决心所致。华北当局始终是抱着委曲求全的态度，在军事上不做充分的准备，对于民众是怀着不必要的戒心，不发动民众，不扩大民众爱国运动。相反的，还要出告示下戒严令，要民众“镇静”，使有着满腔热血的爱国民众，动弹不得，这样干的结果，便把平津丢掉了！我希望全国守土抗战的将士们，对于这个悲痛的教训，有所警惕！我们现在只有一个方针，这个方针就是坚决打日本！立即动员全国民众，工农商学兵，各党各派各阶层，一致联合起来，与日本帝国主义做殊死的斗争！这是民族独立与自由的不二方针。

我们今天举行这个抗战动员运动大会，就是向着这个方针迈进。我们这个运动大会，不仅是运动竞赛，而且要为抗战而动员起来。为了保卫国家，保卫领土，我们要把全国民众动员起来。同志们，准备出发到河北去，准备到抗日的最前线去。把我们这里的方针与办法带到全国各地去，把我们的决心带到抗日最前线去！

我们高呼：

打倒日本帝国主义！

收复平津！

保卫华北！

收复东四省！

八一运动大会万岁！

中华民族解放万岁！

【阅读链接】 毛泽东（1893～1976），湖南湘潭人。伟大的马克思主义者，中国共产党、中国人民解放军和中华人民共和国的主要缔造者和领导人。本文为1937年8月1日毛泽东在延安第一届抗战动员体育运动大会上的演讲词，选自1937年8月2日《新中华报》运动大会特刊，原标题为《毛主席演词》，此文标题为编者所加。

【作品简析】 为纪念中国工农红军建军十周年，中共于1937年8月1日在延安组织召开了第一届抗战动员体育运动大会，借以动员边区军民抗战，毛泽东出席开幕式并发表演讲。在这篇演讲中，毛泽东缜密分析平津失守、华北危急是国民党当局委曲求全、阻止民众抵抗的结果，继而号召全国工农商学兵联合抗日，动员与会同志东赴河北前线以表示抗战决心，做出抗战榜样。整个演讲一气呵成，思路清晰，逻辑性强，切中时弊，极富感染力。

向世界上少数坏人算总账的时候到了

毛泽东

同志们！今天的反侵略大会，不仅是延安的，而且是全国的，全国各地在这几天均举行同样的大会，都是为了一个目的，就是反对侵略战争。这个大会又不仅是中国的，而且是世界的，在明天，伦敦将举行全世界的反侵略大会，几十国代表都参加。表示一个空前伟大的世界斗争的开始。现在世界的侵略者结成一种侵略阵线，破坏世界的和平，反侵略者则团结世界上大多数人民保卫世界的和平，反对侵略战争，这样两个相反方向的阵线在全世界斗争着。过去历史上还没有过这样伟大的世界运动，还没有过像今天这样动员全世界地区的大运动，现在是全世界大多数好人向着世界上少数坏人算总账的时候。

因为中国今天是处在生死存亡的关头，所以全中国人有了一个空前伟大的团结，这也是过去中国历史上没有过的。我们的全国大团结，现在已经有了基础。正在向着前途扩大，尽管暂时打了一些败仗，失了一些土地，但这样伟大的团结，是力量无比的，加上世界与日本人民的援助，一定能战胜日本侵略者。现在有三个反侵略的统一战线：中国的统一战线，世界的统一战线，还有一个是日本的统一战线，在日本有广大人民群众不赞成他们政府侵略中国，正在组织反侵略的统一战线。这三个统一战线的目标是一样的，就是一致反对日本帝国主义的侵略战争。有人说，中国过去几十年的反侵略运动都失败了，今天的反侵略运动也会失败。这是不对的，今天的情况和过去不同，主要因为今天不但有了全国的反侵略统一战线，而且这个统一战线恰好和历史上空前的全世界反侵略统一战线相遇合，不但能和全世界的统一战线相遇合，而且恰好又和历史上空前的日本内部矛盾相遇合，即同日本人民的统一战线相遇合。这些历史特点是从前没有的，现在恰巧都有了。所以我们说中国的打败仗是暂时的，中国的抗战一定可以取得最后的胜利，其根据就在这里。这三种统一战线，正如日初升，向着日益巩固，日益扩大的方向走去，最后的胜利，必属于我们，悲观主义是没有根据的。

因此今天延安城的大会，有它的全国性及世界性的意义。全中国不愿做亡国奴的人，不分党派，不分信仰，不分男女，不分老幼，统统向着同一的目标而团结起来，全世界一切爱好和平，厌恶战争的人也统统向着同一的目标而团结起来，日本国内的广大人民也统统向着同一的目标而团结起来，这个目标就是反侵略，这就是今天世界政治的总方向。这样全中国人民，全世界人民，和全日本人民的大团结，其力量是如何伟大，这种伟大的力量是无疑要把侵略者的力量逐渐削弱下去，最后把它打倒，因此我们坚定地说：只要我们努力，中国一定能够战胜侵略者，新中国的创设是必然的。

【阅读链接】 本文为1938年2月11日晚7时毛泽东在延安反侵略大会上的演讲词，选自《新中华报》1938年2月20日第1版。原标题为《毛泽东同志在延安反侵略大会上的演词——二月十一日七晚时讲》，此文标题为编者所加。

【作品简析】 全面抗战爆发半年多，民众抗日热情高涨，纷纷召开反侵略大会。加之世界统一战线的形成，反法西斯战争形势空前利好。就在全世界的反侵略大会召开的前一天，延安军民

举行了反侵略大会，毛泽东在会上发表了这篇精彩演讲。演讲以清新自然的语调，用“如日初升”形容中国、日本、世界三大统一战线的相互作用，揭露颓唐沮丧的投降派画皮，将全球时钟拨向“全世界大多数好人向着世界上少数坏人算总账的时候”，脱口成章，绝无琢痕，朴实无华，生动形象，表现了作者非凡的演讲天赋与口才。

第二辑　全民上阵持刀枪

在中华民族生死存亡的关头，每一位有骨气的成员都会从心底发出怒吼：起来！不愿做奴隶的人们！把我们的血肉，筑成我们新的长城！今天，每当我们面对冉冉升起的国旗高唱《中华人民共和国国歌》的时候，那全民动员、奔赴抗日战场的情景仿佛就在眼前，催人沿着时光的隧道，回去聆听一场场生动的演讲。

青年是初升的旭日，青年要有担当。福建民团总指挥华振中，以军人特有的气质，侃侃而谈青年抗日救国之路，深入浅出地从国家构成的三要素说起，指出人是其中最主要的要素，而青年人是国家的中坚分子，是国家的希望所在，应该负起抗日救国的重任。言之切切，读之脍炙人口，身置讲台之下，谁能不为之动容？周恩来则以政治家的风范，在武汉大学演讲时，以悲怆歌曲《松花江上》启发青年学子，只有坚持抗战到底，才有青年的生路。其情深意长，热透纸背，东湖水为之荡漾，珞珈山也为之折服。

都说少年是祖国的未来，在上海民众教育馆，小学生金娇美的演讲童音未泯，她那节省零用钱捐助义勇军、拯救东三省小朋友的倡议，读来感人肺腑。而印度华侨李志果到东北中学看望师生时，在演讲中为东北三千万同胞的不幸深感难过，发出“拿我们的头颅去和日本拼命”的呐

喊，提出卧薪尝胆、收复国土、复兴中国的殷切期望，游子之心，坦荡无遗。同行的缅甸华侨李竹瞻，在演讲中强调，我们要想挽救中华民族的危亡，收复东北的大好山河，必须团结一致，群策群力，一致对外，言出旅居海外者之口，实为全国人民之意。

新桂系首领李宗仁的夫人郭德洁，热心妇女工作，更关心抗日局势，在桂林对广西学生军女兵训话时，语重心长地鼓励女兵坚定抗战必胜、建国必成的信念，坚持持久战，坚信最后的胜利定是我们的。巾帼不让须眉，在郭德洁和女学生军身上，飒爽英姿取代了纤纤弱质。是呀，这些来自壮族地区的姑娘，锻铸了像抗倭英雄瓦氏夫人那样的铮铮铁骨。

拿起刀枪赶走日本侵略者，是全国人民异口同声的誓言。这些雄健有力的演讲词，激励时人心往一处想，劲往一处使，同仇敌忾，共赴国难，风霜雪雨搏激流，在枪林弹雨、哀鸿遍野的战场上书写惊天地、泣鬼神的壮丽诗篇。今天再读这些演讲词，有如身临其境，经受如火如荼的战争洗礼，意义非凡。

青年抗日救国之路（节选）

华振中

诸位同志，今天我所要讲的，题目就是，青年抗日救国之路。国家的构成其要素有三种，曰土地，乎民，主权，但是，土地是死的，主权是空洞的，故国家三要素中，主要的还在人民。不论哪一个国家，他的土地和主权，都是要靠人民来维持。人民之中，青年为之骨干，因此青年之在国家，实占主要的地位。我们可以说，国家有无希望，常视青年之有无希望以为断，就是青年有希望，能够努力进取，做国家的基础，他的国家，必然兴盛，若是青年堕落，他的国家，必然衰弱，以至于灭亡，因青年不断地努力进取，世界文化便不断地进步，于是青年在文化上亦占极重要的地位。假使人类之始，青年即是堕落，而缺乏努力进取，那么，我相信必没有今日光华璀璨的世界文化，所以青年又是世界文化促进的使者。再翻开中国革命史一看，也完全是青年牺牲流血的记载，在过去每一次革命的发动，如第一次革命第二次革命，潮州黄冈之役，辛亥革命，以及讨袁之役，护法之役，出师北伐，等等，无不是依靠勇敢牺牲努力进取的青年。民国革命的创首者虽然是我们总理孙中山先生，但促进革命的发展与成功，却是靠青年的前赴后继，努力奋斗，所以在革命史上，青年占最光荣的一页，青年却又是革命的先锋队……我们究竟向哪一条路走呢？就是革命，彻底的革命，唯有彻底革命，才能彻底抗日救国，要能够彻底革命，就要全国青年一致起来，实行总理的三民主义，以唤起民众，及“联合世界上以平等待我之民族，共同奋斗”的方法，来废除帝国主义加于我们中国的一切不平等条约，去求中国之自由平等和中华民族的复兴，进而求全人类的解放，那么日本侵略我中国，夺占四省的土地，我们便要以革命的手段对付他。东四省一天不收回，我们是一天不能停止抵抗工作的，虽然现在政府对日屈服，但是我们民众，尤其是青年，是不能屈服的，政府对日妥协，我们是绝对不能妥协的。须知道，我们青年，是国家的中坚分子，是应该负起目前革命的重任，抗日救国的重任，抱着大无畏的精神，大家咬紧牙根，向前努力干去，任何个人，都要不断地锻炼身心，都要各就能力的所及，去做自救救国的基本工作。全体国民，都要明耻教战，对敌人做不断的抵抗，绝对地仇视，决斗到底，同时联合以平等待我之民族，共同奋斗。不论任何国家，哪一个人，只要他们能同情我们、帮助我们，便联合他，如果是帮助敌人，我便以敌人看待，一致对付他，宁为玉碎，不作瓦全，中国前途才有希望，中华民族才可图存。

【阅读链接】 华振中（1892～1979），广东始兴人，时任福建政府参军处参军兼民团总指挥。本文为1933年6月3日华振中在福建警官养成所的演讲词节选，选自《福建警友》1933年第4、5期合刊，第9～13页。

华振中像

【作品简析】 1932年5月5日国民党政府与日本签订《淞沪停战协定》后，淞沪抗战参战主力19路军被调离上海。丧权辱国的《塘沽协定》签署次日（1933年6月1日），总指挥

蒋光鼐等通电反对蒋介石妥协卖国。国难当头，华振中向警校学生宣讲青年人的前途与理想，从国家构成的要素到青年在国家中的地位，从青年该走的路到复兴中华民族的崇高理想，娓娓道来，环环相扣，精深透辟，通俗明了。那“东四省一天不收回，我们是一天不能停止抵抗”的决心，那“宁为玉碎、不作瓦全”的斗志，有如孟子所谓“志士不忘在沟壑，勇士不忘丧其元”（有志之士不怕弃尸山沟，勇敢的人不怕丢掉脑袋）。诵读这篇慷慨激昂的演讲词，使人不禁涌起满腔热血，精神为之振奋。

今日青年运动的性质

周恩来

根据今天抗战的形势，我们来说一说目前青年的环境。

今天，无疑是个变动的战斗的历史上从未有过的大时代。敌人要我们每个人、每个人的子子孙孙都做亡国奴。我们要求生路，便只有抗战，便只有坚持抗战到底。这时代是战斗的，这时代不能与过去“五四”、“五卅”、一九二五年大革命时代相比。过去是对内的局部的政治斗争，这一次却是对外的全面的反法西斯侵略的抗战。现在是整个被压迫、被屠杀、被奸淫、被侵略的中华民族的人民起来反抗的时候，所以现在的形势全变了。在国家环境整个的变动下，青年在这时代里所占的地位是最困难而又最重要的。如今我们青年再不能如过去那样地学习、找工作、结婚……再也不能依照平常的生活程序过日子了。战争了，我们再不能安心求学了。文化中心的京、沪、平、津、粤、汉，已去其四；后方的学校，也多半停了课；成千成万的青年人无家可归，无学可求，尤其是东北的青年朋友，一再地漂泊流浪，一再地尝受人世间的惨痛。一支名叫《松花江上》的歌曲，真使伤心的人断肠。然而我们应该骄傲，应该自豪。我们这一代青年应该庆幸恰好生活在这样大的动乱的时代里。我们要在这时代里学习得充实起来，锻炼得强健起来。

我们青年不仅仅有今天，而且还有远大的未来。他不仅管自己的一生，而且还要管及他的子孙，他的后代。今天的青年不仅要问，怎样争取抗战最后的胜利；而且要

问，在抗战的胜利取得后，怎样改造中国，使它成为一个自由的、民主的、共和的国家。

因此，我们想，在积极方面，这是一个最好的时期。它可以把我们这一辈的青年锻炼得更伟大，前程更远。这机会在平常是很难找到的。

【阅读链接】　周恩来（1898～1976），原籍浙江绍兴，生于江苏淮安。伟大的马克思主义者，中国无产阶级革命家、政治家、军事家、外交家，中华人民共和国成立后担任国务院总理等职。本文为1937年12月31日周恩来在武汉大学演讲《现阶段青年运动的性质和任务》的第二部分，选自中共中央文献编辑委员会编《周恩来选集》上卷，第88～89页，人民出版社1980年版。

【作品简析】　全面抗战爆发后，战火很快燃遍全国。1937年12月31日，在抗战中心武汉，时任中共中央南方局书记和国民政府军事委员会政治部副部长的周恩来在武汉大学对青年学生做了这次演讲。周恩来在演讲中指出，残酷的战争使文化中心城市和后方学校的学子不能安心求学，成千成万的青年人无家可归，备受颠沛流离之苦，他同时希望同学们把战争变成锻炼自己的难得机会，为将来建设祖国而努力学习。站得高才能望得远，透过硝烟弥漫的现实展望阳光明媚的未来，辩证地看待残酷的战争，乐观豁达，体现了作者精湛的演讲技艺，令人深受鼓舞。

救救东三省的小朋友

金娇美

诸位先生！诸位小朋友！

今天我们在这儿举行演讲会，听的听，讲的讲，安安逸逸，一些也不担心事，可是我那东三省的小朋友，求生不得，求死不能，此刻好像蚂蚁爬在热锅上一样呢！所以我今天就拿“救救东三省的小朋友”作为我的讲题。

我们为什么要救东三省的小朋友呢？简单说来，有两个原因：

第一，东三省的小朋友，是我们自己人。我们要明白，我们是中国人，东三省的小朋友，也是中国人；我们是黄帝的子孙，东三省的小朋友，一样是黄帝的子孙；换句话讲：我们和东三省的小朋友，好像是同胞弟兄，同胞姊妹一样，同胞弟兄同胞姊妹，不是自己人吗？自己人不应当互相帮助吗？

第二，东三省的小朋友，遭到空前的灾难。我们想：日本兵进攻闸北的时候，我们不是东逃西逃的吗？我们的同伴，不是有一部分因而牺牲的吗？日本兵占据闸北的时候，还不过两三个月，我们已经是哑巴吃黄连，说不出的苦，日本兵占据东三省，有一年多了！一年多比两三个月，不是要加起四五倍吗？那么东三省的朋友所吃的苦，不是比我们要苦得多吗？这还不是空前的灾难吗？自己人受到空前的灾难，我们自然应当想法救助，所以我们救东三省的小朋友，也就是救灾！

那么，我们怎样来救东三省的小朋友呢？最最容易，人人能够做得到的办法，我看只有一个吧！

我们想：自从日本兵打进了东三省，和日本兵做长期抵抗的，不是义勇军吗？因为有了义勇军，日本兵才不敢十分放肆；因为有了义勇军，日本兵天天在想消灭义勇军的方法。所以东三省的义勇军，是我东三省的小朋友们救星；我们要救东三省的小朋友，我们只要想法来帮助义勇军，使得东三省的义勇军，不但不减少，而且一天多一天，不但不被日本兵消灭，而且再接再厉，把日本兵征服，把日本兵驱逐出境。所以帮助义勇军，便是我们救东三省小朋友的唯一的好方法。闲话少说。小朋友们！各位亲爱的小朋友们！我们不是有零用钱的吗？可以把它节省下来，捐助义勇军买枪、买子弹、买衣服、买饭。小朋友们！亲爱的小朋友们！以后的天气，一天冷过一天了，抗日的义勇军，是东三省小朋友唯一的救星，他们现在所需要的，就是枪呀、子弹呀、衣服呀、饭呀，有了钱便一齐都可以解决了，所以我希望亲爱的小朋友们，从今天起，就节省零用钱，捐给义勇军，来救我们东三省的小朋友吧！

【阅读链接】 金娇美，上海市立西成小学学生。本文是她在上海民众教育馆的演讲词，选自《儿童杂志》（中级）1933 年第 11 期，第 31～34 页。

【作品简析】 九一八事变后，东北沦为日本军国主义者蹂躏之地，掠夺、屠杀、轰炸、奴役、摧残妇女儿童等侵略行为激起了全国人民的无比愤慨，声讨日寇兽行的演讲不绝于耳。纯洁无瑕的金娇美，有着龀髫学童的天真无邪。她以小学生的口吻比照自己的安逸和东三省孩童的苦楚，号召大伙节省零用钱捐助义勇军买枪、买子弹、买衣服、买饭来拯救水深火热中的东北小朋友。那童真，那童音，仿佛尚在耳边萦绕，久久挥之不去。

卧薪尝胆，收复国土

李志果

诸位亲爱的小朋友，我由海外来到此地，能和诸位见面，觉得非常地悲痛，十二分地难过，想到东北失陷，大好的田园被人占领，三千万诚实而勤朴的同胞任人蹂躏，这是怎样的痛心呢！可是东北是中国的东北，东北民众是我们亲爱的同胞，我们的同胞受那种压迫，那样的不自由，我们在海外怎能忍受呢？只有联合起来，采用唯一方法，准备着将来拿我们的头颅去和日本拼命，拿我们的肉体去抵抗日本的大炮、飞机，所以现在必须卧薪尝胆，下最大的决心，苦干十年，才能配谈收复东北，复兴中国。

我过去不知东北地方怎样，东北人是如何，在去年会见吴先生雪生，才知道东北的北富，东北人的忠实、热诚、勤朴，而今天又和三千万的灵魂，在此地埋头苦干的小志士见面，使我对东北的印象更加十二分地深刻和明了。

今天我代表印度侨胞，祝诸位志士加倍努力，完成最大的使命！

【阅读链接】 李志果，印度华侨，生平不详。本文为1934年李志果在东北中学的演讲词。选自《东北中学校刊》1934年第8、9、10期合刊，第45页。原标题为《印度侨胞李志果先生讲演》，此文标题为编者所加。

【作品简析】 1931年九一八事变后，大批东北青年学生流亡北平（今北京）。10 月 18 日，东北民众抗日救国会在北平设立东北学院，次年更名为“私立东北中学校”。该校成立后得到社会各界和海外华人华侨的支持，本文即为李志果先生视察该校时发表的演讲词。作者以归国所闻所见，赞美东北同胞的诚实勤朴，呼吁海内外华人华侨团结起来，像越王勾践那样励精图治，复国雪耻。全文简明扼要，平实无华，反映了一位华侨的拳拳爱国之心。

东北沦陷史陈列馆内反映九一八事变后东北人民流离失所的雕塑及照片

团结一致，挽救危亡

李竹瞻

各位东北的小志士，亲爱的小同学，今天能参加这个盛会，能和诸君在一起谈话，我觉得有很多话，不知从何处说起，只能想到一个问题来问诸位，诸君为什么到此地呢？我想这个问题，若问到大家时，定能使大家增加苦痛、悲愤以及一切的一切演变情景在大家的脑海里映演起来，这样便想到我们是有使命、有责任的东北青年。东北失掉我们应该负起责任来，东北是东北的东北？还是中国的东北呢？那是一加二等于三铁一般的事实，东北是中国的东北，东北失掉各个中国人应负起责任来，挽救那水深火热中的被难同胞，来复兴我们生死关头的中华民族，并不是摇旗呐喊贴标语、喊口号能做到的。我还记得在民国八年反对签订二十一条时，大家就想到我们要想废除一切不平等条约，必须埋头苦干十年、二十年，可是现在呢？是怎样？不但不干，而且还一天一天地危亡起来了！土地一天一天减少起来了！甚至到亡国灭种的地步，这就是由“木必先腐而后虫生”“国必自伐而后人伐”的原素所造成现在的局面，所以我们要想挽救中华民族的危亡，收复东北的大好山河，必须全中国人团结一致，群策群力地行动，去对付目前的敌人，精神上联合起来，造成不屈不挠的精神一致对外。这样，我们在海外本着祖国的利益、祖国的需要，去做相当的事情，你们在国内本着群众的幸福、社会的利益、国家的生存，去做你们应做的事业——读书。总理曾经告诉我们“读书不忘救国，救国不忘读书”，做一切事情应以国家为前提，这样，我们要艰苦卓绝去干几年，那么到了相当时机一定会收复我们的失地，复兴我们的中华民族。

此次我由海外归来，回到离别十余年的祖国，看看祖国的一切建设，同时亦将外边的情形向家里报告，家里的事情亦可问问，因为一家人的事，须一家人共同去做，所以我们只在故乡停三日，就转到南京，在首都住了几天，又想到过去曾经见过吴先生雪生，说东北被难同胞在北平办了很多的救国团体，因此我们毅然决然又乘车北上，看看我们被难的东北同胞、埋头苦干的东北同胞，这是我和东北同胞第一次见面的一点小贡献。

【阅读链接】 李竹瞻，缅甸华侨，生平不详。本文为1934年李竹瞻在东北中学的演讲词，选自《东北中学校刊》1934年第8、9、10期合刊，第45～46页。原标题为《仰光侨胞李竹瞻先生讲演》，此文标题为编者所加。

【作品简析】 抗战初期，旅居海外的华侨逾1 000万人。为抗日的烽火狼烟所惊醒，他们成立了900多个救国团体，或直接回国参加战斗，或以各种方式支援救亡。李竹瞻是其中的一员，他从缅甸归来后到北平访问新办的东北中学并发表演讲，指出只有全国人民团结一致，群策群力，才能挽救中华民族的危亡，收复东北的大好山河，同时勉励青年学生认真读书，为民族复兴打基础。全篇语句平实，言辞恳切，赤子丹心尽现其中。

中华女儿的任务（节选）

郭德洁

你们投军的动机，是为国家。你们的志愿是宏大的，你们的心肠是热烈的，无论站在国族的立场，站在社会的立场，是要大仁大勇、公忠无私的，我们应该付出我们的能力，去竭尽我们的责任，我们要自我做榜样，以唤起没有起来的大众，共同努力，不但要在国族复兴史上为女子占有价值的一页，并且要在世界妇女运动史上，以血以汗写下很光荣的一册。

因此对于我们的抗战工作应该要有很深切的认识：第一，我们要知道，一年余的抗战告诉我们，敌人愈战愈弱，我们愈战愈强，无论在国际形势看，日本国内情形看，日本是必败的，而我们由于全国的精诚团结，一致抗敌，国内抗战实力的增强，国际形势的好转，只要我们能坚强，我们以抗战必胜、建国必成的信念坚持持久战，最后胜利定是我们的。第二，我们要知道我们女子的知识能力，并不比男子低下，我们要和男子分工合作，运用其所长，在各种工作部门中努力帮助抗战。第三，我们又要知道，女子在宣传组织训练民众工作的效能上，有时会比男子为高，我们应在这一方面努力，尤其是对于后方的教育与生产工作，我们女子要多多注意，并担负起这个任务来。第四，当第二期抗战开始的今日，于军事上虽然日趋于有利地位，但在其他方面却是相当的困难，世界历史上，如意大利、土耳其等之复兴史迹告诉我们，国族复兴之途，都是很艰难的，在艰难途上前进的人们，必须有大无畏的精神，有百折不挠的志气，

然后才能达到成功的境界，诸君记得，这是一个很巨大很艰难的工作，要不畏难地干下去。第五，我们在工作当中，只要于抗战有利，于国族有利，都要努力去做。我们的理想不妨其大，我们的工作不嫌其小，我们要各尽所能，一点一滴，见到就做到。要知道我们今日不但是为国族幸福前途而工作，并且为人类社会的光明前途而努力。

诸君以高尚的动机、宏大的志愿、热烈的心肠来参加学生军，可以说是义无反顾，不必我嘱咐，定能本着初心，为国家民族去努力工作。须知我们这至神圣而伟大的工作，最宝贵的是创造，国族和整个人类的幸福前途，均待我们去创造，而我们个人幸福前途，也待我们去创造。我们虽来清算我国和日本近代史上的血债，为国族争取平等自由，更为数千年来被压迫的妇女争取解放。

【阅读链接】 郭德洁（1906～1966），广西桂平人，李宗仁的夫人。时任广西省新生活运动促进妇女工作委员会主任，广西妇女抗敌后援会常务理事等职。本文为 1938 年 12 月 31 日郭德洁在桂林对广西学生军女兵所做演讲的节选，选自上海《妇女生活》1939 年第 3 期第 4 页。原标题为《中华女儿的任务——对五路军女学生军训话》，此文标题为编者所加。

【作品简析】 1938 年 10 月日军占领广州、武汉后，广西面临直接威胁。为动员民众配合军队作战，新桂系于 11～12 月以第五路军总司令部名义组建学生军 4 200 多人，编为 3 个团，并设女生大队，下设 3 个中队。学生军成立后，在桂林集中进行军政训练，听取新桂系领袖和社会名流演讲是整训的重要内容。本文是郭德洁对学生军第1团女生中队所做演讲的文稿。在演讲中，郭德洁高度评价了女生从军的动机，指出女子在动员和组织民众方面有时比男子优秀，要求女生认清抗战形势和责任，积极动员民众参加抗日救亡，为民族解放和妇女解放贡献力量。慈母般的谆嘱，有如和风细雨。八桂女兵多奇志，她们就是在这样的雨露中成长为刚强的抗日勇士。

广西学生军团女生队合影

第三辑 文韬武略细研榷

抗战军兴，如何获取胜利成为国人最为关切的话题。中国共产党的首任总书记陈独秀在华中大学演讲时，条分缕析抗日战争的意义在于收回主权，而收回主权，须以取得战争的胜利为前提。投降派低估政府与民众两种力量，是错误的。

1933 年 1 月 30 日未具名演讲者的演讲，从“节约救国”的角度立论，呼吁人们从自身做起，不尚空言，不高谈阔论，一齐努力为之，即可收抗日救国的实效。

冯玉祥将军发表的广播演讲，深刻揭露了日本军阀挑拨离间、唆使中国人打内战的险恶用心，揭示粉碎日本组织的伪满洲国、伪蒙疆政府、伪华中维新政府以及伪省府、伪维持会等汉奸机关的必要性，有如万钧雷霆，振聋发聩。

湖南省妙高峰中学不愧为著名教育家方克刚创办的名校，该校学生对于如何挽救民族危亡有着独到的见解。朱庆琪同学以全国士、农、工、商、兵、学各尽其能作为抗战获胜的基础，鞭辟入里，头头是道；莫衍恭同学指出全面抗战是军队和民众联合作战，全国四万万同胞各尽一分责任，形成合力，是夺取胜利的法宝。在校学子能说出此番道理，稚嫩中彰显老到，诚为难得，未可小觑。

诚然，毛泽东《论持久战》的发表，无异于照耀中国

人民抗战的指路明灯。事实证明，抗日战争的胜利，是举国上下坚持持久战的结果。“持久”乃相对而言，“世界的黑暗是暂时的，世界的前途是光明的”，1939 年 9 月 14 日他在延安干部大会上演讲时的预言，乐观坦诚，极大地鼓舞了全国人民的斗志。

翻开抗战史册，那些长短不一的演讲词，大多技巧精湛，语词精练，立意新颖，内涵深刻。其间谋划战斗方略，建言献策，思路清晰，丝丝入扣，文不加点，堪称楷模。

抗日战争之意义（节选）

陈独秀

此次抗日战争有重要的意义，决不可当作儿戏。战胜了，不但解除了日本帝国主义的压迫与束缚，并且使别的工业先进国亦不能够再继续强迫中国人做他们的农奴。根据历史的经验，以前德意志、意大利、日本、土耳其都是经过对外战胜，循外交途径，收回了独立国家所必需的主权，脱离了半独立国的地位。在中国，德俄两国的特权已经放弃，法、美、意、比等国与我关系较小，唯英国在华势力与日本不相上下，然英人素来持重，近来对外政策又日趋保守，非以前的英国可比；聪明的美国人，比较日本更懂得中国国民要求解放运动的意义与力量，未必肯蹈日本一味蛮干而失败的前辙。如果中国抗日战争得到胜利，列强在中国的特权，或者不必经过战争，而循外交途径，以次收回。这是一种比较温和的办法，然而绝对不是幻想。

如果此次战败，只有亡国为奴。所以此次战争，乃是中国人或为自由民族或为奴隶之关键，每一个中国人对于抗战怠工，不尽他所能尽的力量，事实上是帮助了敌人，即是消极的无形的汉奸！

有人以为中国如是之大，不至灭亡，殊不知日本帝国主义者灭亡中国，并非采取直接管理全中国的笨法子，乃是以分化手段，在南北制造各种名义的政治组织，利用亲日派做傀儡，间接统治中国，把不愿充当傀儡的人们赶到川云贵山中……这不是亡国是什么？日本帝国主义者，即对于各种傀儡的组织，也利于他们分立，更易于由他摆布，并不容许他们统一和力量强大起来。近日谣传溥仪将迁北平，余不信会有此事。因为日本的政策不愿以一个傀儡的组织统治全中国。

假使民众不起来，政府的军事势力始终陷于孤立的地位，不得已，中途屈服，放弃华北，这种南方暂时偏安的局面，也会日趋于全中国灭亡之路。

投降派唯一的理论及事实之根据，是中国在军事的经济的力量上都非日本之敌。他们不懂得日本不能用全部力量对中国战争；他们更不懂得中国抗日战争，是民族解放的革命战争，不能仅仅拿两方政府手中的军事和经济力量来估计最后的胜负。中国政府手中的军力和财力之弱点，是可以由全国民众之奋起及全世界革命的国家、革命的民众（日本民众也在内）之援助来补充的。如果我们忽视了这两种力量之补充，不但投降派振振有词，即主战派将来也会动摇。所以我们在抗日战争中，首先必须深刻地了解抗战之真实意义，才会有始终坚决不挠的意志。

【阅读链接】 陈独秀（1879～1942），安徽怀宁人。中国新文化运动的发起人和旗手，中国共产党的创始人及首任总书记。本文为1937年10月陈独秀在武昌华中大学的演讲词节选，选自陈独秀著《抗日战争之意义》第7～9页，上海生活出版社1937年版。原标题为《抗日战争之意义——在武昌华中大学讲演》，此文标题为编者所加。

陈独秀像

【作品简析】 陈独秀向高校师生所做的演讲从抗日战争的意义切入，分析战争成败的后果，将此战视为“中国人或为自由民族或为奴隶之关键”。如何赢得战争？陈独秀给出的良方便是发动群众。他对民众与政府军事势力关系、中国民众与包括日本在内的世界民众相互支持的分析，鞭辟入里。而基于此去诟斥投降派，雄辩有力，体现了学者型政治家高瞻远瞩、视野广阔、逻辑严密、擅长推理的风范。

节约救国（节选）

佚　名

在我民族史上最惨痛最悲壮之淞沪抗日血战一周年之际，我们回想到淞沪一带的创痕和日本军阀惨毒残酷的暴行，更回想到我们忠勇的将士为争取民族生存一月又二日的艰苦抗战，我想悲愤的火焰，一定会重新在我们的胸中烧起，每一个人都将椎心泣血，不能自禁，不过回想的意义不在于对过去之徒事哀悼，也不在乎无益的愤怒，而是在于从过去事实当中去认取宝贵的教训，去把握现实，去处置现实，从而争取光明之将来。

我们认定淞沪祸变之爆发，并不是偶然的，并不是日本少数军阀之野心，而是日本帝国主义者整个的积极的侵略中国的计划的进一步企图，在四个月前，有九一八东北祸变，在十一个月后有山海关九门口之夺占，所以我们只有认清当前日益深刻日益扩大的日本帝国主义者积极侵略的行动，是想根本制我整个民族的死命，是想置我整个国家于灭亡之境地，我们认清此当前事实，只有把握住民族战争以我全民族之力量去抵抗日本帝国主义者之侵略，这是我民族当前的出路。

我们要挽救我们民族国家的危亡，只有以我全民族之力量去抵抗日本的侵略，这是公理正义迫促着我们去做的。但是抵抗侵略挽救危亡，是极其重大之工作，而使我全民族去参加这民族之战争，又是极其繁难之事，要怎样去负担此重大之工作，怎样解决此繁难之问题呢？我想只有每一个人从自己做起，不要空言，空言无效，不要过为高谈，须就切于事实者努力为之，一人如是，全国全民族

人人如是，则效力非常伟大。

近来国人感于国防之薄弱，而有航空救国运动，感于物质文明之落后，而有马达救国、建设救国之倡导，其他有关救国事业亦均积极宣传，凡此种种，于世界潮流、国内现状均属洞见症结，确是对症施治之良药。不过要建设航空与推进科学，以及其他等等，其中有不可少的前提，前提为何？是人才、时间与经济，就目前我国现状来说，任何事业，均感于人才缺乏、时间不够、经济困难，但同时又觉人才过剩、时间空过、经济浪费，此种现象，都是由不重“节约”两字而来，所以救国工作应讲节约。

节约的意义是适当其分的意思，如各个人就其本身职业而努力，各人安于各人的职业，则人才已能节约而无过剩不足之患；各个人就其工作的时间当中努力本业之研究，则时间不至空过；各个人就其必需之消费而节其靡费，则经济不至于浪费。如全国人才各就其本职支配适合，复节其有用之时间，省下其浪费之金钱，而移其时间以做救国之工作，移其金钱以做救国之经费，那么，国家所需要的设施，都可举办了，如航空之发展，科学之推进，等等，都一一可实行，而且行而有效。

……

同胞们！强寇在室，国家危急，已不容我们高谈理想之时，我们只有认定现实，取过去失败之教训，把握着这卑之无甚高论人人能行应行之事实，去一件件脚踏实地去做，以开展吾民族之新生命，我们在此悲壮惨痛抗日血战之一周年，应该忏悔着我们过去的不节约，致使人才浪费、时间浪费、经济浪费，从今往后我们要节约时间与空间之人力财力，使人才不浪掷、时间不空过、金钱不虚

糜，这才是我们最切的救国工作。

【阅读链接】 此文系未具名者于1933年1月30日所发表的演讲词，选自《中央周报》1933年第246期第1～2页。

【作品简析】 面对日本灭亡中国的野心，中国人民不甘被奴役，各党派团体、各阶层人士提出了种种救国方略，有教育救国、航空救国、工业救国等，切中要害。本演讲独辟蹊径，围绕节约救国展开，确有新意。作者认为，人才缺乏与过剩、时间不够与虚度、经济困难与浪费，都是不重视节约所导致的。拯救国家和民族，必须从个人做起，踏实工作，勤俭节约，切忌空谈。在中国，“克勤于邦，克俭于家”被视为传统美德，“谁知盘中餐，粒粒皆辛苦”是不糟蹋粮食的警句，但把节约上升到抗日救国的高度，本演讲实有创新意义。

全国同胞起来粉碎伪组织（节选）

冯玉祥

各位同胞：

谨先向各地同胞致敬，问候各位同志的劳苦！

二十八个月来的抗战，全国同胞谁都知道，我们越打越强，我们已经得到一次比一次更大的胜利，已经一天比一天更接近于抗战建国最后的成功。同时，全国同胞也都知道，敌寇越打越弱，他们已经遭受一次比一次更大的失败，已经一天比一天更接近于最后的崩溃。

敌人军事的失败，使得他们更加紧用政治阴谋来进攻我们，来破坏我们的抗战。什么叫政治阴谋呢？就是用种种诡计，制造和平空气来害我们。虽然我们军事一天一天地进步了，可是如果我们上了敌寇的圈套与他讲和，我们一定仍是亡国的。

……

日本军阀还用挑拨离间的方法，使我们中国人自己打自己，使我们不能团结起来去打敌人。这样，他们自己就可以达到侵略的胜利了。我们看，日本军阀不是今天说国民党和别的党派打起来了，就是明天说中央和地方又不和睦了……这些都是鬼话，都是敌人所造成的谣言，都是敌人的政治阴谋。所以“精诚团结，抗战到底”，就是我们粉碎敌人政治阴谋的重要方法，亦是敌人最怕的八个字。

敌人还用“以战养战”的阴谋，来竭力经营他们暂时侵占的地方，妄想封锁我们的游击区域。所谓“绥靖”他们暂时侵占的地方，以及组织伪军，实行经济的掠夺和怀柔欺骗政策，等等，这也是敌人的政治阴谋，就是妄想用我们的人力、物力、财力来侵略我们。所以，最高统帅就把“游击战重于正规战”当作二期抗战的主要原则。

以上，就是敌人不用飞机大炮要想灭亡我们国家的阴谋毒计。这些阴谋毒计，敌人是常常靠着伪组织，靠着傀儡政府做他们的爪牙，做他们的工具的。我们常常听见伪组织的一些妖魔鬼怪狂嚷着什么建立“东亚新秩序”，也听见他们时常制造各式各样挑拨离间的谣言。至于这些傀儡组织替敌人当狗，看守敌人暂时侵占的地方，更是他们的主要任务了。

在九一八事变之后不久，敌寇就利用溥仪等汉奸组织了伪满洲国。在“七七”之后不久，敌寇又利用了王克敏汉奸等，成立了华北伪组织。此外，在内蒙组织伪蒙疆政府，在南京制造了伪华中维新政府，还组织了伪省府、伪维持会等大大小小的汉奸机关。这都可以看出来，敌人是怎样地看重政治阴谋，怎样地看重利用伪组织。

……

虽然伪组织并不能解救敌人的困难，可是，随着敌人军事的失败，随着敌人政治阴谋的加紧，敌人更要在制造伪组织上下功夫。自从汪逆精卫公开背叛祖国以来，这一年当中，敌人是时时想利用他出来成立伪中央组织的。因为，日本军阀各酋首互相间意见不同，冲突得很厉害，而且汪逆精卫的欺骗又一天一天地减少了作用，伪中央组织总没有能够实现。但是，自我们湘北大胜和空军胜利以来，敌人又想利用汪逆来敷衍场面。自然，困难还很多，傀儡戏还不容易开场。可是，敌人的新阴谋是我们必须注意的。

对于粉碎伪组织，我们已经有了初步的成绩，但我们决不因此就认为满足。我们要更加努力，去粉碎敌人的新阴谋，并且粉碎敌人已经成立的伪组织。要达到这个目的，主要地还是靠我们全国同胞自己的努力。

【阅读链接】　本文为冯玉祥于1939年11月10日发布的广播演讲词，原载《中央党务公报》1939年第1卷第19期，第7～9页，此处选自人民出版社编辑部编《冯玉祥选集》上册，第596～598页，人民出版社1998年版。

【作品简析】　这篇演讲以粉碎伪组织为主旨，指出日本用挑拨离间之计使我们打内战，故“精诚团结，抗战到底”是敌人最怕的八个字，是我们粉碎敌人政治阴谋的重要方法。冯玉祥将军宣称，日本在沦陷区不遗余力地扶植汉奸组织，以实现其“以华制华”“以战养战”的阴谋，中国人民要打败日本侵略者，需要团结起来端掉这些大大小小的汉奸组织。演讲中称汪精卫为“汪逆”，称其政权为“伪中央”，说日寇建立伪组织是演“傀儡戏”，旗帜鲜明，体现了刚正不阿、敢说敢干的将军本色。他对“游击战重于正规战”的褒扬，与中共的正确主张与战法有惊人的相似。全文结构严谨，个性突出，层次分明，有理有据。

如何争取最后的胜利

朱庆琪

自神圣的全面抗战开展以来，我们忠勇的将士们，前赴后继地走上了杀敌之途，浴血、搏肉，构成了那伟大民族争生存的阵线，他们不管敌人飞机的轰炸、大炮的攻击、机关枪的扫射，只知奋斗到底！以求最后的胜利！不惜目前的牺牲！

这种精神！这种力量！已震动了敌人的耳膜，惊破了敌人的肝胆，使许多关心我们的友邦，谁不为之赞美！认为我民族，现已团结一致了，并非昔日一样的散沙一般，可利用来“以华制华”，或“各个击破”，不花一枪一卒得同样好的东三省。

可是我们的抗战，虽然是呼着“全面的抗战”“全国总动员的抗战”，其实哪里做到“全”字“总”字呢？单单我们的前方将士和敌人拼命而已，所以我们要获得最后的胜利的途径，非全国总动员不可！

一、后方学生的责任：努力宣传，唤醒后方在梦中的同胞，使他们知道这次战争，完全是我民族生死存亡的一个战争，无疑的，一日不争，一日不能生存，我们的国家，马上要灭亡，四万万五千万的同胞马上要做奴隶，我相信后方在梦中的同胞，知道了这点，必定愿意将自己的财力物力，捐给政府，做抗战之用。

二、后方政府的责任：1.要竭力铲除汉奸。为敌人破坏我们的交通、探刺我们的军情、私自买卖仇货，这固然是汉奸，而假爱国的名义，专营私利、破坏后方的秩序、分散抗战的力量的，这也是一种汉奸，这几种汉奸，都是要刻不容缓地铲除。2. 训练后方的民众。训练的下级干部，可由已受集训的高中学生充任，将来训练成熟，可做前方将士的后盾。

三、后方农民的责任：利用荒地，努力生产。现在前方将士数十万，日需军米数十万石，同时两广福建等省，平日须恃暹罗、安南等地之洋米接济，现因战事关系，无法运输军民粮食，皆起极大的恐慌，这个责任，当然是要后方农人们担负。须知此粮食问题，对战事有极大的影响，事实告诉我们：在欧洲大战的时候，德国之失败，并非其陆、海、空军不强，战斗武器不精，而是在他支持了四年，粮食缺乏，后方民心不安，影响到前方不能作战呢！

四、后方商人的责任：自战事爆发，海口被日寇封锁，外货无法运来，沿海之大商场已被敌人摧毁，工厂不能立足，在后方的商人应利用这个机会，努力制造人民生活必需品，以维持社会秩序，努力制造军需品，以充实国防。

如果，全国的士、农、工、商、兵、学，依上法各尽其能，各出其力，那我们的抗战，才可说是总动员的抗战，这种力量是极大的！区区的敌人，是不难消灭的！最后的胜利，必属于我们！

【阅读链接】　朱庆琪，湖南省私立妙高峰中学学生，生平不详。本文为 1937 年 11 月朱庆琪在该校的演讲词，选自《妙中月刊》1937 年第 16 期。

【作品简析】　抗战炮响，社会各界人士为消灭敌寇纷纷支

招，奉献锦囊妙计。作为中学生，朱庆琪登台演讲，针对仅有前方将士与敌拼命而后方民众参与不够，有违“全面的抗战”这一问题，提出“非全国总动员不可”的主张和见解，罗列后方学生、政府、农民、商人应如何各尽其能，各出其力，紧密团结，努力抗战，夺取最后胜利。莫道学子羽翼未丰，出言却颇卓越，其构思之精到，其措辞之精准，其论说之精熟，不乏高明之处。

论持久战（节选）

毛泽东

（一）伟大抗日战争的一周年纪念，七月七日，快要到了。全民族的力量团结起来，坚持抗战，坚持统一战线，同敌人作英勇的战争，快一年了。这个战争，在东方历史上是空前的，在世界历史上也将是伟大的，全世界人民都关心这个战争。身受战争灾难、为着自己民族的生存而奋斗的每一个中国人，无日不在渴望战争的胜利。然而战争的过程究竟会要怎么样？能胜利还是不能胜利？能速胜还是不能速胜？很多人都说持久战，但是为什么是持久战？怎样进行持久战？很多人都说最后胜利，但是为什么会有最后胜利？怎样争取最后胜利？这些问题，不是每个人都解决了的，甚至是大多数人至今没有解决的。于是失败主义的亡国论者跑出来向人们说：中国会亡，最后胜利不是中国的。某些性急的朋友们也跑出来向人们说：中国很快就能战胜，无需乎费大气力。这些议论究竟对不对呢？我们一向都说：这些议论是不对的。可是我们说的，还没有为大多数人所了解。一半因为我们的宣传解释工作还不够，一半也因为客观事变的发展还没有完全暴露其固有的性质，还没有将其面貌鲜明地摆在人们之前，使人们无从看出其整个的趋势和前途，因而无从决定自己的整套的方针和做法。现在好了，抗战十个月的经验，尽够击破毫无根据的亡国论，也尽够说服急性朋友们的速胜论了。在这种情形下，很多人要求做个总结性的解释。尤其是对持久战，有亡国论和速胜论的反对意见，也有空洞无物的了解。“卢沟桥事变以来，四万万人一齐努力，最后胜利是中国的。”这样一种公式，在广大的人们中流行着。这个公式是对的，但有加以充实的必要。抗日战争和统一战线之所以能够坚持，是由于许多的因素：全国党派，从共产党到国民党；全国人民，从工人农民到资产阶级；全国军队，从主力军到游击队；国际方面，从社会主义国家到各国爱好正义的人民；敌国方面，从某些国内反战的人民到前线反战的兵士。总而言之，所有这些因素，在我们的抗战中都尽了他们各种程度的努力。每一个有良心的人，都应向他们表示敬意。我们共产党人，同其他抗战党派和全国人民一道，唯一的方向，是努力团结一切力量，战胜万恶的日寇。今年七月一日，是中国共产党建立的十七周年纪念日。为了使每个共产党员在抗日战争中能够尽其更好和更大的努力，也有着重地研究持久战的必要。因此，我的讲演就来研究持久战。和持久战这个题目有关的问题，我都准备说到；但是不能一切都说到，因为一切的东西，不是在一个讲演中完全说得了的。

（二）抗战十个月以来，一切经验都证明下述两种观点的不对：一种是中国必亡论，一种是中国速胜论。前者产生妥协倾向，后者产生轻敌倾向。他们看问题的方法都是主观的和片面的，一句话，非科学的。

【阅读链接】 本文是1938年5月26日至6月3日毛泽东在延安抗日战争研究会上所做演讲的一部分，选自《毛泽东选集》第二卷，第439～441页，人民出版社1991年版。

【作品简析】 为总结全面抗战10个月来的经验教训，调整抗日战争的航向，毛泽东分数次发表了《论持久战》的著名演讲。

在本文节选的这部分演讲中，他以军事家的才华解答了国人对战争过程、前途等的疑问，驳斥了“中国必亡论”和“中国速胜论”的舛误，得出只有坚持持久抗战方可获胜的结论。持久战是毛泽东军事思想的重要组成部分，它与运动战、阵地阵、游击战、地道战、地雷战、麻雀战等战法结合，使数百万日军陷入人民战争的汪洋大海之中，是抗日战争胜利的法宝。毛泽东以此演讲作为送给中国共产党建立十七周年和全面抗战一周年的礼物，意义重大。

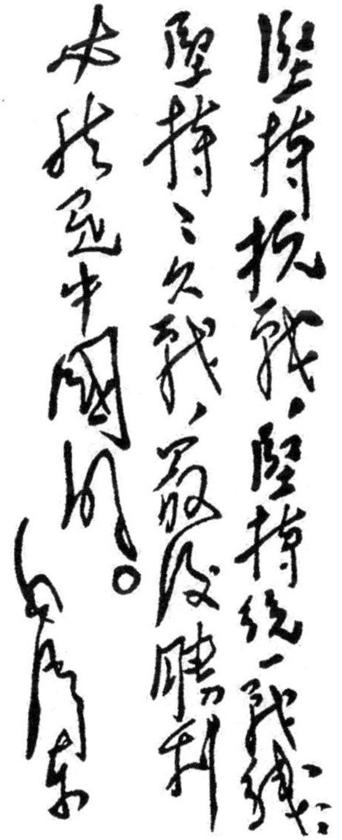

图为1938年毛泽东为延安《解放》周刊纪念抗战一周年、中国共产党诞生十七周年专刊所写的题词，内容是：坚持抗战，坚持统一战线，坚持持久战，最后胜利必然是中国的

战争的前途

毛泽东

这次战争是持久的战争。我很赞同伏罗希洛夫同志在苏联共产党第十八次代表大会上的演说，他说：“现代的战争，将来一定是持久的、绵延不绝的、消耗的战争。”他又说：“无疑问的，在必不可避免的总的军事冲突中，要来一个破天荒的与你死我活的关头。”他的估计是很对的。这种持久性，是包括帝国主义战争与反帝国主义战争，包括反革命战争与革命战争，包括战争的继续与暂时的局部的停顿，包括参战阵线的改组变化、参战国家的灭亡与新建这样种种情况在内的，这样种种错综复杂曲折变化的情况，就组成了战争的持久性。第二次帝国主义世界大战是人类空前的大灾难，死亡、疾病、饥饿、失业、失学、妻离子散、家破人亡，各种悲惨现象将充满于全世界。在这种情形之下，毫无疑义的，将激起所有各资本主义国家的被压迫人民，所有各殖民地半殖民地的被压迫民族，觉醒起来，团结起来，反对帝国主义战争，组织革命战争，其规模将较第一次世界大战时候要大得多。在第一次世界大战时，除俄国外，各国都没有共产党。现在已经不同了，共产党已经在几十个国家内分布着，并且在政治上组织上强健起来了。在第一次世界大战时，没有社会主义国家，现在已经不同了，苏联不但存在，而且成了世界上第一等的强国，它是坚决反对帝国主义战争，而坚决援助人民解放战争与民族解放战争的，它将在这个战争中起其维护人类利益、干涉帝国主义的伟大作用。现在世界上已经分得清清楚楚，一切直接间接参加帝国主义战争的资

产阶级都是反动派，组成反动营垒，现在的帝国主义战争就是这个大反动营垒里面两派帝国主义集团之间的战争。这个大反动营垒里面两大反动派的冲突，并不妨碍他们将来会联合起来反对苏联，反对各国人民解放运动，反对殖民地半殖民地的民族解放运动，反对世界革命，如果以为他们会永远打下去，很容易地就被革命人民推翻，那是幼稚的见解。这是一方面——世界反动战线方面。另一方面，则有苏联、有各资本主义国家的人民解放运动，有殖民地半殖民地国家的民族解放运动。所有这些，组成革命的战线、革命的营垒，其目的，就是推翻世界反动营垒，用革命战争打倒帝国主义战争，打倒战争祸首，推翻资产阶级，把全世界被压迫人民、被压迫民族从资本主义压迫之下解放出来，从帝国主义战争中解放出来。这是一个伟大的斗争过程，艰难的持久作战的过程，教育人民、唤醒人民、组织人民，并领导人民向资产阶级战斗的过程。资本主义经济已经走到尽头了，大变化大革命的时代已经到来了。现在的时代就是战争与革命的新时代，把黑暗世界整个儿的改造为光明世界的时代，我们是正处在这个时代中。

进行了两年抗日战争的中华民族，是属于世界革命营垒中的一个组成部分，一个重要的有力的组成部分。四万万五千万人民的民族解放战争，一定会在世界改造过程中起其伟大的作用。帝国主义战争对于世界、对于中国都是不利的，但是苏联的存在与发展，全世界各个资本主义国家人民解放运动的存在与发展，各个殖民地半殖民地民族解放运动的存在与发展，都是中国的好朋友，都是中国抗战的可靠的援助者。中国、苏联、各国人民解放运动、各

国民族解放运动，应该组成坚固的统一战线，这是革命的统一战线，用以对抗反革命的统一战线。帝国主义之间的战争，帝国主义之间的互相削弱，在这一点上说来，对于各国人民解放运动，对于各国民族解放运动，对于中国的抗战，对于苏联的建设共产主义社会，又是一个有利的条件。这样说来，世界的黑暗是暂时的，世界的前途是光明的。帝国主义一定会死灭下去，被压迫人民与被压迫民族的解放，是没有疑义的。中国的前途也是光明的，只要中国抗日民族统一战线更加巩固起来，在“坚持抗战，反对投降，坚持团结，反对分裂，坚持进步，反对倒退”的口号之下，努力奋斗，我们的敌人也一定会死灭下去，一个自由独立的新中国就要出来了。

【阅读链接】 本文为1939年9月14日毛泽东在延安干部大会上所做长篇演讲《第二次帝国主义战争讲演提纲》的第十部分，选自《解放》1939年第85期第134～136页。

【作品简析】 作者在肯定抗战是持久战的基础上，将两次世界大战进行比较，认为后者不但规模远超前者，而且很多国家的民族解放战争已有共产党领导，各国人民可以利用帝国主义之间的矛盾，取得民族解放和独立；同时指出，中国抗战是世界革命的一部分，不仅要与苏联等国组成“革命的统一战线”，还要巩固国内的民族统一战线。演讲词通篇情感纯真朴实，论述精深透彻，语言生动活泼，体现了毛泽东高超的演讲艺术。“资本主义经济已经走到尽头了，大变化大革命的时代已经到来了”“一个自由独立的新中国就要出来了”的预言，令人振奋不已。

全面抗战的真义

莫衍恭

各位评判员先生，各位同学，我今天所讲的题目，就是全面抗战的真义。同学们，我们要知道我们这次的抗战，是关系我们整个的国家、整个的民族生死存亡。我们抗战胜利，中华民族方有复兴的希望；否则我们国家的前途便不堪设想，所以我们今天，便应该集合全国同胞的智力、物力、财力，来抵御这空前的外侮，来维护我们国家的生存与独立。

所谓全面抗战，不仅是全国的军队参加抗战，并且要全国各界人士，同时参加抗战的工作。有力的出力，有钱的出钱，或以其聪明才智贡献国家，或以其产业物品捐助军用，教育界则尽力普及教育，农工界则努力增加生产，商政界则竭力调剂金融、巩固后方。举国上下，无论男女老少，每一个人都尽一份责任，都做一份工作，这才是符合全面抗战的真义，这才是真正的全国的总动员。古人有句话："天下兴亡，匹夫有责。"这就是教我们大众男子在国家有外侮侵略的时候，每一个人都要为国家负一番御侮救亡的任务，现在我们中国，已是男女平权，所以我今天更希望全国的诸姑嫂姐妹们亦要为国家负一番御侮救亡的责任。现在侵略我们国土的敌人，他正在逞其强暴的手段，用飞机四处地轰炸，及机关枪密集地扫射我国非战斗员及文化慈善等机关，这种手段是如何的可恨呢！我们未死之同胞，难道就袖手旁观坐视待亡吗？不——我们大家都要一齐联合起来，去打倒侵略我们国土的敌人，现在我国忠勇抗战的将士们，为着国家的生存与独立，而在敌人枪林弹雨中冲锋肉搏，这

是何等的辛苦，何等的危险，何等的勇敢！我们虽然在校求学，或因其他关系不能上前线亲自参加作战，本应该对于前线作战的将士尽量帮助，才是道理。

所以我今天很希望全国同胞，从今天开始一致起来，做大规模的慰劳运动，劝募大量的慰劳金，继续不断地给予我们忠勇抗敌的将士们，做精神上的安慰，做物质上的补助，使我们忠勇抗日的将士们，因此愈增加其抗战的勇气，为国家捍卫疆土，为民族争取光荣。我们要知道，要使前线将士多增一分抗敌的力量，多增一分抗战的勇气，就全在我们后方的全体同胞，能不能继续不断地多做帮助抗战之工作？

总之，我们国家在这个时候，全国四万万同胞，都应该对于抗战方面，各自尽一份责任，各自做一份工作，在前线的尽前线的责任，在后方的尽后方的责任，全国一致，万众一心，不要有一丝一毫一时一刻的放弃，能够这样地合力抗战，我相信最后之胜利一定属于我们。

【阅读链接】 莫衍恭，湖南省私立妙高峰中学学生，生平不详。本文为 1937 年 11 月莫衍恭在该校的演讲词，选自《妙中月刊》1937 年第 16 期。

【作品简析】 又一位中学生要给抗战号脉献策，这位名叫莫衍恭的同学借解释“全面抗战的真义”道出了全面抗战需要军队和全国各界人士共同参与，有力出力、有钱出钱的道理。接着话锋一转，希望全国诸姑嫂姐妹们为国家负一番御侮救亡的责任。继而冀望全国同胞，开展大规模的慰劳运动，给抗敌将士带去精神上的安慰与物质上的补助。这些绝非空泛的说辞，而是有的放矢的良方。透过这篇演讲词，我们看到了抗战的希望，看到了祖国的未来。

第四辑　必胜信念坚如钢

战争既是战场上真刀真枪、你死我活的较量，也需要精神上的慰藉、信念上的支撑。故著名军事理论家克劳塞维茨在《战争论》中写道：“精神力量是战争中最重要的主题之一……此种力量再与意志融合在一起就能成为推动和指导全民的力量。”

正因为这样，新桂系首领李宗仁基于“战争之胜败，又在于精神力量之是否能充分运用”，提出了驰名中外的焦土抗战理论。宁为玉碎、不为瓦全的立雪断臂精神，是民族气节和英雄气概的升华。他在率桂军出省抗战前的演讲，告诫广大军民千万不可悲观，并以第一次世界大战后凯末尔领导国民反抗外来侵略，战胜强敌，赢得土耳其独立的例子来激励将士，坚定必胜信念。男儿不怀自信心，白负天生七尺躯，桂军在抗日战场上的英勇表现，乃源于此。

作为中共的主要领导人，毛泽东一生以旷达的心态战斗不止。对抗战形势的估计，他既乐观又不盲目。1938 年 3 月在纪念孙中山逝世 13 周年所做的演讲中，他信心满怀地说，最后胜利谁能说不是中国的？日本强盗之被赶出中国能说不是必然的？与其说这是不言自明的反问，毋宁说是缜密论证的结果。

大文豪郭沫若发表的广播演讲，总结了抗战以来的两大收获，一有坚决的意志抗敌，二能持久，愈战愈强。两者相辅相成，是睿智深邃之见。其辩证关系，使人自信十足，对抗战前途充满期待与憧憬。

乐观本身就是一种胜利。1938 年 1 月 9 日，全民通讯社社长李公朴到山西临汾访问八路军办事处所做演讲中，用“中国的持久抗战+国际间的援助+日本国内的崩溃=中国最后的胜利”的公式，表达了他对抗战“胜利在望”的信心。要知道，全面抗战之初绝望情绪一度甚嚣尘上，如此信心满满，对于回击投降言论，化颓丧为欢腾，奋发振作，功莫大焉。

在某种意义上说，信念是克敌制胜的思想基石。知识分子思维发达，善于分析，对抗战胜利多寄予厚望。南开大学校长张伯苓是其代表，他不止一次在演讲中坚信，正义之战必胜，抗战的最后胜利是我们的。“敌人的炮火虽厉害，终是烤干不了我们的红红的血的，我们还有什么值得悲观的呢?”观点鲜明，毫无晦涩，情透纸背，闻之荡气回肠。

抗战已然成为历史，那些乐观豁达演讲词承载着许许多多动人的故事。昔日击敌靠信念支撑，今天逐梦何尝不是这样?

我的主张——焦土抗战（节选）

李宗仁

目前中国所最迫切需要者，为整个民族救亡问题，为争取中华民族自由平等，保卫中华民国领土主权之完整，必须不许此不死不活之现状，继续下去，必须改变此苟因循之现状，尤必须发动整个民族解放战争，本宁愿全国化为焦土，亦不屈服之决心，用大刀阔斧来答复侵略者，表现中华民族自存自立之伟大能力与精神，然后中国始有生存可能，中日问题或亦可因之获得和平希望。须知一国家横遭侵略，即应坚决抗战，以表现独立自存之精神。何况日人侵我，得寸进尺，无有止境。观于前年四月十七日日本外务省天羽氏之发表声明，足知其侵略目标，固在整个中国。我国家民族处于生死存亡之最后关头，则此时当只问应战不应战，不当顾虑有力与无力。且抗战则存，屈服则亡，除坚决抗战而外，更不容有徘徊余地。明知战固难免牺牲，然不战之牺牲更大。不战牺牲，其结果为国亡种灭，战虽牺牲，尚可确立民族复兴之基础。且下抗战决心，或可使战祸消弭于无形，亦正未可知。能战乃能言和，不然，步步屈辱，使民族意识，日见消沉，国民精神，愈形萎靡。而日人则运用“以华制华”毒计，将见在彼导演之下，汉奸势力日益伸张，国土不断沦亡，以至于国亡之最后阶段。或亦有一部分国民，不甘为亡国奴隶，起而抗战，然彼时战争，已变为国民与汉奸势力之战争，非直接与日人战争。日人则于鹬蚌争持形势下，自为渔翁，完成其囊括全中国之目的，此诚古今历史上最悲惨之事。若早日实行抗战，则国民同仇敌忾之心，必油然兴起，纵有甘心为汉奸者，亦将慑于民族精神之激荡，而转化为爱国志士矣。就今日言，国中主张抗战者，实居大多数；其意存依赖，或幻想国际战争机会之来临，而主张不战者，只极少数人耳。

……

由上之种种论列，可见中国之生死存亡，全系于中国本身之能否抗战，而战争之胜败，又在于精神力量之是否能充分运用，非纯在物质力量之比较与追求；换言之，中国之兴亡，全在我国大多数军民之能否觉悟，与军政当局之能否领导，上下一致，本焦土抗战之精神，毅然决然为民族解放战争而牺牲奋斗之一点而已。欧战后凯末尔及其干部以其卓越之革命精神，领导国民，为民族解放而牺牲，坚决奋斗，卒能战胜强敌，复兴土国，自助天助，史实昭然，殊足发吾人深省也。

【阅读链接】 李宗仁（1891～1969），广西临桂县（今桂林市临桂区）人，新桂系首领，1948 年任“副总统”，1949 年任代“总统”。抗战期间，指挥中国军队取得台儿庄大捷。本文为 1936 年李宗仁在广州对记者的谈话，选自全面战周刊社编《焦土抗战的理论与实践——李宗仁言论集》第 1～8 页，全面战周刊社 1938 年编辑出版。

【作品简析】 “焦土抗战”是李宗仁在 1933 年提出的著名理论，尔后得到不断发展和丰富。全面抗战开展之前，李宗仁再向记者归纳这一理论的精髓是“本宁愿全国化为焦土，亦不屈服之决心，用大刀阔斧来答复侵略者，表现中华民族自存自立之伟大能力与精神”。其对抵抗意义的表述，深湛清澈，传神生动；其生为人杰、死为鬼雄的雄心壮志，威震山河，翻江倒海；其壮士断腕、英雄自戕的大无畏精神，石破天惊，令人肃然起敬。

集中国力，对外抗战（节选）

李宗仁

回想从誓师北伐到完成统一这个期间，的确是中国国民革命的黄金时代。对外是帝国主义者为革命的空气所慑服，对内而言，一切封建残余势力——军阀、贪官、污吏、土豪、劣绅，——一时为之敛迹，政治上已走向光明的阶段，且革命军很得一般民众的欢迎，军阀的军队则相反。但是不旋踵，至民十八内战复起，造成了今日民族的危机。革命运动遭受了夭折，言之痛心，不胜今昔之感。今后我们的使命，是如何恢复北伐期间的黄金时代，重新创造国民革命的新生命。假使如果党内不分裂，北伐统一后不发生内战，我相信不平等条约，到现在一定可取消的。尤其相信东北四省，也不至于被日本帝国主义者侵占的。北伐完成后，当时有一句“军事北伐，政治南征”的流言，足见政治逐渐官僚化了，所以百病丛生，内忧外患，乘隙而入，致使国家民族的危机，非常严重。我们只有重新创造革命的基础，才能恢复北伐时的黄金时代。同时，在今日这种危急的关头中，必须巩固和平统一，实现民主政治，集中国力，一致对外抗战。我们千万不可悲观，一个革命者终身是不会颓废的，我们只有努力迈进，自然可以展开新的局面，自然对内可以把死而复活的封建残余势力克服，对外可以驱逐日本帝国主义的势力于国境外。我们不要悲观，我们要继续革命先烈的精神，努力奋斗，这才是今天纪念北伐誓师的真正意义。

【阅读链接】　本文为1937年7月12日上午李宗仁在广西省

政府大礼堂的演讲词节选，选自《广西日报》（桂林版）1937 年 7 月 14 日第 2 版。原标题为《恢复我们的黄金时代——李总司令在国民革命军北伐誓师纪念大会中讲》，此文标题为编者所加。

【作品简析】 1936 年，李宗仁发动反蒋战争，成立抗日救国军第一军团，出兵湖南，要求北上抗日，旋被蒋介石改编为第 5 路军，李宗仁任总司令。这段演讲为纪念北伐战争而做，将 1928 年北伐战争视为中国国民革命的黄金时代，翌年继之而起的蒋桂战争使革命运动夭折，内战祸起，日军趁机而入，导致民族危机。在东北沦陷、华北危急的形势下，广西军民要继承北伐精神，将日寇赶出国门，这篇演讲是全面抗战爆发后桂军出省抗战的宣言书。“实现民主政治，集中国力，一致对外抗战”是李宗仁反对蒋介石独裁专制、发动内战的炎炎誓词，反复强调“不可悲观”是其鼓舞士气、坚定信念的殷切嘱咐。

孙中山的精神与追悼抗敌阵亡将士的意义（节选）

毛泽东

现在说到追悼抗敌阵亡将士的意义。从卢沟桥事变以来，东方历史上未曾有过的大战已经打了八个月。敌人是倾全国的力量来打，目标是灭亡中国，战略是速战速决。我们呢？也是倾全国的力量来抵抗，目标是保卫祖国，战略是持久奋斗。八个月中，陆、空两面，都做了英勇的奋战，全国实现了伟大的团结，几百万军队与无数的人民都加入了火线，其中几十万人就在执行他们的神圣任务当中光荣地壮烈地牺牲了。这些人中间，许多是国民党人，许多是共产党员，许多是其他党派及无党无派的人。我们真诚地追悼这些死者，表示永远纪念他们。从郝梦麟、佟麟阁、赵登禹、饶国华、刘家祺、姜玉贞、陈锦秀、李桂丹、黄梅兴、姚子香、潘占魁诸将领到每一个战士，无不给了全中国人以崇高伟大的模范。中华民族决不是一群绵羊，而是富于民族自尊心与人类正义心的伟大民族，为了民族自尊心与人类正义，为了中国人一定要生活在自己的土地上，决不让日本法西斯不付重大代价达到其无法无天的目的。我们的方法就是战争与牺牲，拿战争对抗战争，拿革命的正义战对抗野蛮的侵略战。这种精神，我们民族的数千年历史已经证明了，现在再来一次伟大的证明，郝梦麟等数十万人就是为着这个而牺牲了。判断日本法西斯是还要前进的，他还要进攻我们的西安、郑州、武汉、南昌、福州、长沙与广州，他想吞灭全中国。但是我要告诉那些发疯的敌人，他们的目的一定达不到。不要以为占领了我们的地方就算达到了你们的目的，没有达到也不会达

到。你们日本法西斯的胜利，历史判定只会是暂时的，不会是永久的，有充足的理由证明，最后胜利只会属于我们一方面。而且战争打到结局，你们也一定只能占领我们一部分地方，要占领全国是不可能的。即使你们得到了一个城市的速决战，同时也就要你们得到一个乡村的持久战，例如你们把山西的几条大路与若干城市占领了，但数倍于你们占领地的乡村将始终是中华民国的。我们要把这个道理告诉全国的同胞，日本差不多在任何一省都只能做部分的占领，日本的兵力不够分配，他的野蛮政策又激怒了每一个中国人，中国有广大的军队与人民，中国又实行着统一战线的良好政策，就此决定了持久战以及最大胜利之属于哪一方。将来的形势，双方血战结果，即使日本占领了中国的大半，中国只剩下完整的小半作为继续抗战争取最后胜利的中枢根据地，但在那大半地方，实际上日本仍然只能占领其中的大城市、大道与某些平地，只要我们能够在每个省中组织大多数乡村中的人民一致武装起来打日本，建立许多的抗日根据地，如像现在已经建立起来了的五台山根据地一样，我们就包围了日本军。我们的这个外线的战争，配合着内线的战争，又从各方努力，把我们全国范围内的党政军民各项紧要工作办得大大进步起来，有朝一日，就可互相配合，内外夹攻，打大反攻，那时还一定会配合着世界革命的援助，同日本国内人民革命的援助，最后胜利谁能说不是中国的？郝梦麟将军等的热血谁能说白流的呢？日本强盗之被赶出中国谁能说不是必然的？孙中山先生的民族解放、民权自由、民生幸福的三大思想，谁能说不会实现于中国的？

……

大会的同胞们，全国的同胞们，让我们永远地团结起来呵！打倒日本帝国主义！中华民族解放万岁！

【阅读链接】　本文为1938年3月12日毛泽东在“孙总理逝世十三周年纪念及追悼抗敌阵亡将士大会”的演讲词节选，选自《新中华报》1938年3月15日第1版。原标题为《在纪念孙总理逝世十三周年及追悼抗敌阵亡将士大会的演说词》，此文标题为编者所加。

【作品简析】　1938年3月12日，八路军政治部召集延安各界代表开会，以纪念孙中山逝世13周年，同时追悼抗敌阵亡将士，毛泽东在会上发表了这篇演讲。演讲的这一部分，作者首先阐述追悼抗敌阵亡将士的意义在于永远纪念他们为国捐躯的崇高精神，继而分析中日双方的战争目标分别是保卫祖国与灭亡中国，战略目的区别在于持久奋斗和速战速决，接着指出富有民族自尊心与人类正义心的中华民族并非绵羊，中国人民将拿革命的正义战对抗野蛮的侵略战，日军占领中国领土只能是部分的、暂时的，最后坚信孙中山先生的“民族解放”“民权自由”“民生幸福”的三大思想将会实现。全篇紧扣主题，层层推进，以理论事，说理充分，明白晓畅，通俗易懂，体现了一位演说家高屋建瓴、洞察全局、胜券在握的演讲艺术。

把有限的个体生命融化进无限的民族生命里去（节选）

郭沫若

今天是武汉各界雪耻与兵役扩大宣传周的第六天，恰好在滕县阵亡了的师长王铭章将军的灵柩，在午前十时运到了汉口。武汉党政军各机关、各学校、各民众团体，都非常踊跃地，到大智门车站去迎接他的灵柩。王师长安睡在灵柩里面，假如是有知觉的话，我相信他一定是很谦冲，而且很放心的。他假如能够再向我们表达他的意思的话，他一定要说："武汉的同胞们，全国的同胞们，你们这样的优待我，我实在不敢当。我们做军人的人，杀敌致果，为国捐躯，原是本分内的事，当不起同胞们这样的厚待。自己实在是惭愧。"我相信王师长一定会说这样的话。因为凡是忠于职守能够以身殉职、为国捐躯的人，虽然殉职原是本分，那种人一定是谦和的人。因为他明白大义，辨别义理，能够在生死关头保持着他自己的节概，这种人是不会虚骄浮躁的。凡是虚骄浮躁的人，临到大节大义的关头处，他一定是糊涂的家伙。但我说，王师长他一定也很放心。为什么呢？因为他可以看见武汉的民众，乃至全国民众，都有辨别节义的精神，对于忠于职守、为国捐躯的人，特别表示崇敬。这是对于军事胜利的绝好的保障。大家能够尊敬为国捐躯的人，有职守者有所观感，一定要见贤思齐，也忠于职守而为国捐躯。一般的民众，在救亡建国上，都是有责任的，遇到自己的责任关头，也决不会躲闪，而贻羞于国家民族。全国民众都能有这样的存心，那我们要驱逐倭寇，要复兴民众，要建设自由幸福的新中

国，那是丝毫也没有问题的。因此我也就敢于相信：我们阵亡了的王师长，他安睡在灵柩里面，一定是很放心的。

抗战以来已经十个月，我们虽然沦陷了几省的土地，损失了无数的财产，牺牲了几十万的士兵，更有无数的同胞陷入流离颠沛的苦境，然而我们是有很宏大、很光荣的收获的。这收获是什么？第一便是我们有坚决的意志能和敌人抗战。其次是不仅能够抗战，而且还能持久，愈战愈强。……

敌人所最藐视我们的，是以为我们中国人怕死，而他所最自负的是以为他们日本人不怕死。但由这一次的抗战所得到的结果，情形是完全相反了。抗战以来，我国可歌可泣的壮烈事迹，真是不计其数。南苑的佟麟阁、赵登禹两师长，南口的杨方珪团长，宝山的姚子香营长，忻口的郝梦麟军长与刘铮磊师长，广德的饶国华师长，连此次滕县的王铭章师长，他们在我们中华民族的历史上，增加了不少的光辉灿烂的篇页。

……

王铭章师长，我们可以说，他是一个伟大的人生的成功者了。他是死了一个很光荣的死。但他果真是死了吗？不，他并没有死。他是把自己的生命切实地融化进了民族的生命里面。在民族存续的一天，王铭章师长是永远生存着的。我们现在追悼他，宁应该庆贺他，庆贺他的成功，庆贺他的不朽。

……

全国的同胞们，我们效法王师长，死一个顶有价值的死吧。让我们大家把自己的有限的生命，融化进民族的无限的生命里去。

【阅读链接】 郭沫若（1892～1978），四川乐山人，中国现当代著名诗人、剧作家、历史学家和社会活动家。1914 年留学日本，五四运动爆发后在日本发起组织救国团体，投身于新文化运动。回国后曾任北伐军总政治部副主任，因发表讨伐蒋介石的檄文而遭通缉，1928 年逃往日本避难长达 10 年之久，全面抗战爆发后回国参加抗战救亡活动。新中国成立后历任中央人民政府委员、政务院副总理、全国文联主席等职。本文为 1938 年 5 月 8 日郭沫若悼念王铭章的广播演讲词节选，选自李晓虹选编《郭沫若散文》第 215～219 页，内蒙古文化出版社 2006 年版。

【作品简析】 王铭章（1893～1938），四川新都人。国民党第29军第122师师长，陆军中将。1938年3月17日在山东滕县（今滕州市）保卫战中，孤军抗敌，壮烈殉国。其灵柩运抵汉口时，武汉各界踊跃到车站迎接。5 月 8 日下午 6 时，时任国民政府军事委员会政治部第三厅厅长的郭沫若发表这篇广播演讲，赞颂王师长忠于职守、为国捐躯的英雄精神，号召全国同胞效法王师长，把有限的生命献给伟大的民族解放事业。整篇演讲言辞平实，情感真挚，爱憎分明，其中对抗战形势的分析，让听众增加了抗战必胜的坚定信念。

王铭章像

形势好转，胜利在望（节选）

李公朴

从卢沟桥事件到现在止，已经半年多了。在这不算短的抗战过程中，我们虽然失去了许许多多的地方，大的都市如天津、北平、上海、南京、太原、青岛、济南等处。现在京沪线敌军正分路进攻扬子江沿岸各地及安徽等地，同时并派兵直驱江苏北部，进逼徐州，连接津浦平汉两路，共袭郑州开封，威胁陇海路，截断平汉路，使中国南北两线在交通运输上发生更大的困难。同时平绥线敌人现正在太原增加兵力，有分三路南下，进窥风陵渡模样。而在华南方面，又有敌军已在中山县附近登岸，准备袭击粤汉、广九两铁路。这种情形告诉我们：目前中国抗战已进入一种比较艰苦的阶段，敌人的魔手已在我国大多数的地方发挥它的残暴的行为了。

……

我们从抗战期中的各种情形看来，可以知道：

一、我们军政界的领袖们的抗战精神都很坚决，在数月内，我曾见过一些最高领导以及各战区的负责人，他们都表示愿为中华民族流最后一滴血，就是杀到最后一兵一卒也要坚持到底。

二、我们虽失去了不少地方，但我们已渐渐地发展了游击队、别动队、自卫队等组织。尤其是华北方面，各游击队，在敌人的侧后方已建立巩固的根据地，经常破坏交通，袭击敌人，牵制敌人的兵力，使敌人不敢深入腹地。敌人所能占领的，只是交通沿线的大城市。离开交通线远的或者较小的城市以及乡村，大都还在我们游击队手里。

三、抗战期中，敌人一方面用武力来压迫我们，一方面却又利用汉奸走狗亲日派竭力活动，多方离间挑拨，分化我力量，破坏我国内的团结。但是我们全国上下，都更加团结，民族统一战线比从前更加巩固，不但各党各派都能开诚相见。尤其全国各地方的军队，都在一个统一的指挥下，奔赴前线，英勇作战。这是我们近数十年来所没有的极宝贵的收获。

四、在抗战初起时，并没有发动广大的民众，只是政府军队的抗战，而不是全民的抗战。因此，在军事等方面都得不到民众的帮助，处处陷于不利的地位。但现在各抗战领袖，都注意到这个问题，对于组织民众这件事，已在努力施行。同时，日军的残暴，也给民众看清了仇敌的狰狞面目，一致为保卫国，保卫家而奋斗。这种由单纯的政府军队抗战，转变到全民的抗战，是决定抗战胜利的最大因素之一。

五、中国的英勇抗战，尤其是上海之战、平型关之战、忻口之战，已引起国际间极大的同情与赞扬，无形中提高了我们的地位。英美法苏等国，在精神上及物质上都给我们很大的鼓励与帮助。这证明了，中国的抗日，不但有全国人民做后盾，同时还有世界上一切爱好和平的国家及人民的援助。

……

从上面所分析的看来，我们可以明白知道，我们在军事上、政治上已日益好转，如抗日民族统一战线的巩固，全国上下抗敌意识的坚决，全国民众渐渐参加到抗战中来，战略战术也日渐改革，一切都向好的有利方向发展。再加上国际上的物质及精神上的帮助，我们是十二万分的相信，我们是一定可以打倒那政治经济军事日陷不利，而且国内反战激烈，国际地位孤立的日本帝国主义的！只要我们的统一战线更加巩固，坚持抗战到底，最后的胜利一定属于我们的！

最后我用一个公式，来做我今天讲话的结论。

中国的持久抗战+国际间的援助+日本国内的崩溃=中国最后的胜利。

【阅读链接】 李公朴（1900～1946），江苏淮安人。1928 年赴美留学，回国后创办报刊，1935 年底任上海各界救国联合会常委，为“七君子”之一，因要求国民党停止内战而被捕，出狱后到山西考察抗日战况。全面抗战爆发后四上华北、二访延安，宣传抗日。1946 年 7 月 11 日在云南昆明遭国民党特务暗杀。本文为 1938 年 1 月 10 日李公朴在八路军驻临汾办事处的演讲词节选，选自李公朴研究会编《李公朴文集》上册，第 320～323 页，群言出版社 2012 年版。

【作品简析】 为宣传抗日救亡，李公朴于 1938 年 1 月 3 日在山西太原创办全民通讯社。6 天后，李公朴率通讯社撤退到晋南重镇临汾，访问了八路军驻临汾办事处，并在欢迎晚会上做了这篇演讲。他在演讲中回顾了卢沟桥事变爆发半年多来的形势，指出中国抗战已进入艰苦阶段，军政领袖们抗战态度坚决，各地游击队、别动队、自卫队等组织发展起来了，日本的挑拨离间使我们更加团结，单纯的军队抗战已转变为全民抗战，抗战得到了国际援助，最后胜利一定属于中国。这篇演讲言辞犀利，洞穿力强，一针见血，切中要害，为鼓舞全国人民斗志、坚定抗战必胜信念增添了巨大的精神力量。

抗战的最后胜利是我们的（节选）

张伯苓

中华民族决不会亡，最后的胜利是我们的。

中国几百年来，不能说没有人才。但所有的人才，都是居于下位，不能充分发挥他们的才能。现在好了，这也是中国的国运，我们有好的人才，他就能属于领导的地位，只要我们全民族信仰他，再献出我们的汗和血，去供他自由调遣与使用。敌人的炮火虽厉害，终是烤干不了我们的红红的血的，我们还有什么值得悲观的呢？……

可是，话又得说回来，日本也并非弱敌！中华民族要渡过这千钧一发的难关，也得花上相当的代价。我们现在固然已受到相当痛苦了，但我们要想着未来的更大的痛苦。我们要以安闲的心情，去接受去渡过这更苦难的日子。现在我们没有后悔，我们只有打下去，在战争中去创造新民族，去建设新国家。……

你们是南开的学生，你们得体会着南开的精神努力干去。抗战的最后胜利是我们的，中华民族的建国事业是你们的，你们努力干吧！

【阅读链接】 张伯苓（1876～1951），生于天津。著名教育家，创办南开小学、南开中学、南开女中、南开大学和重庆南开中学等，形成了著名的南开教育体系。本文为1938年7月张伯苓对重庆南开中学毕业生的演讲笔录，选自王文俊等编《张伯苓教育言论选集》第233～234页，南开大学出版社1984年版。原文标题为《嘉陵江畔话南开》，此文标题为编者所加。

【作品简析】 重庆南开中学创建于1936年，是著名爱国教育家张伯苓先生创办的南开系列学校之一。1938年7月，在欢送毕业同学会上，张伯苓对毕业生发表这篇演讲。他在演讲中预言，中华民族不会灭亡，日寇的炮火不能摧毁中国人民的抗战意志，最后的胜利是属于中国的，请即将走出校门的学生不要悲观，珍惜和爱护南开精神，为争取抗战胜利而努力。循循善诱，殷切嘱托，闻之动心，深受鼓舞。

张伯苓像

正义之战必胜（节选）

张伯苓

中国能抗战到一年零三个月，这是中国人以前所不知的。敌人计算三个月灭亡中国，可是我们失去许多地方仍能打，中国的力量如果能老是如此，大概不久我们可回天津了。日本人的力量，已使用到七八分了，我们越打越硬，虽为第二年，却是极有把握，现在再加上南方的战事，前途更光明！

中国人打了十五个月还能打，这种力量是我们自己以前所不知道的。我们不自馁，有这股劲儿，这力量藏埋着永没有发现过。

……

我研究中国为什么能如此，是因中国人得到正义。孔曰成仁，孟曰取义。孟子叫成浩然之气，这浩然之气的养成是积义所生。日本人无故侵略，除汉奸外无人说他对，我想汉奸也不会说他对。

中国人站在正义这方面，中国对，日本不对。中国人的气不顺，一年零三个月的抗战，就是因为我们憋住这口气出不出来。

这浩然之气是与生俱来。也是中国的圣人所教给我们的，因压迫得太厉害，所以奋勇抗战。南开也是如此，敌人越压迫，我们越要起来。这气可以帮助国人抗战与建国。一年多建设得完全统一了，大家不要忽略，这是气的功绩。

……

日本的炮弹终有用完的一日，日本早晚必定要发生大的革命。你们想，日本胜了的话，他们如何恢复，打平了如何善后，日本人毫无办法。现在暴力压迫正义，迟早各国会起来反对他。

南开受压迫，特别的努力，中国人民也是如此。中国的兵不溃，全国有自信力，越打力量越强。最后胜利一定是我们的。

【阅读链接】 本文为1938年10月张伯苓以南开大学校长身份在该校第十届校友会代表大会上的演讲词节选，选自王文俊等编《张伯苓教育言论选集》第235～236页，南开大学出版社1984年版。原标题为《请校友们帮助我发展学校——在第十届校友大会上的讲话》，此文标题为编者所加。

【作品简析】 淞沪会战后，日本叫嚣“一个月灭亡山西，三个月灭亡中国”。但由于中国军民的顽强抵抗，一年零三个月后中国仍未灭亡。张伯苓在演讲中剖析，中国之所以未亡，是因为抗战正义，即孟子所说的浩然之气。张校长告诫南开学子和全国民众切勿自馁，要相信前途是光明的。其胸有成竹、信心十足、稳操胜券的鼓舞，令人折服，令人振奋。

第五辑　团结战斗迎曙光

《团结就是力量》是抗战后期诞生于晋察冀边区的经典歌曲，它呼唤中华民族团结起来“向着法西斯蒂开火”，迅速传遍大江南北，经久不衰。

确然，歌曲的能量无法比拟，团结的力量硕大无朋。有道是一根线容易断，万根线能拉船。正因为深知团结的重要性，全面抗战爆发前的1936年11月22日，毛泽东在中国文艺协会成立大会上的演讲，就提出要抗日先要停止内战的主张，并计划用文、武两方面去说服、迫使那些不愿停止内战者，营造一致对外的抗战环境。历史已经证明，共产党是国共合作抗日的倡议者，抗日战争的胜利是中国人民团结战斗的结晶。

杨虎城、张学良这两位赫赫有名的虎将，为逼蒋抗日而发动西安事变，促成了第二次国共合作，为抗战做出了巨大的贡献。他们的演讲吐露着“停止内战，联共抗日”的心声，气壮山河，声震寰宇，鼓舞全国人民交互抱团，共筑钢铁长城，厥功至伟。

团结绝非局限于党派之间，毛泽东还说过这样的名言：“战争的伟力之最深厚的根源，存在于民众之中。”广泛动员全体民众配合军队抗日，是赢得战争的基本保证，湖南省妙高峰中学学生雷四维在该校演讲时呼吁“要起来组织民众”“将全国的力量都集中于抗日的总目标之下”，

就是这个道理。

团结要讲原则，团结需要奉献。1940 年 10 月 12 日，新四军军长叶挺在纪念新四军成立 3 周年大会上发表演讲，表示在国难深重的关头，我们不是争地位、争待遇的时候，不管怎样困难，我们也要抗战到胜利，这是每个中国人民的责任，更加是每个共产党员的责任。这种掏心窝的话，光明磊落，坦荡如砥，把新四军为抗日奋不顾身的精神和形象展露无遗。

日军行将败亡之际，陕甘宁晋绥联防军副司令员徐向前告诫全体指战员，此刻应更加团结一致，发扬艰苦奋斗的光荣传统作风，在党中央、毛主席的正确的政治路线与军事路线的领导下，与敌后的全体人民结成一体，克服一切困难，粉碎日寇的“扫荡”，争取反攻的早日实现，迎接胜利的早日到来。毛泽东则提出放手发动群众，壮大人民力量，在共产党的领导下打败侵略者，建设新中国。冲破黎明前的黑暗，靠的就是这样的做法。

从抗战甫一爆发，到胜利曙光初露，团结抗日一直是国人关注的议题，其间尽管历经波折，却无法阻挡波澜壮阔的历史洪流。日寇的丧钟，就是在这滚滚洪流中敲响的。

抗战要文武双全

毛泽东

中国苏维埃成立已很久，已做了许多伟大惊人的事业。但在文艺创作方面，我们干得很少。今天这个中国文艺协会的成立，这是近十年来苏维埃运动的创举，过去我们是有很多同志爱好文艺，但我们没有组织起来，没有专门计划的研究，进行工农大众的文艺创作，就是说过去我们都是干武的。现在我们不但要武的，我们也要文的了，我们要文武双全。因为现在中国有两条战线，一条是抗日战线，一条是内战，要结成抗日民族统一战线，把日本帝国主义赶出去，争取中国民族的独立解放，首先我们就要停止内战。但现在有人不愿停止内战，反而来进攻抗日主力的人民红军，要消灭抗日的领导者和核心的苏维埃，要消灭一切抗日力量，抗日的文艺也要消灭。所以我们要抗日，我们首先就要停止内战。怎样才能停止内战呢？我们要文武两方面都来，要从文的方面去说服那些不愿停止内战者，从文的方面去宣传教育全国民众团结抗日。如果文的方面说服不了那些不愿停止内战者，那我们就要用武的去迫他停止内战。你们文学家也要到前线上去鼓励战士，打败那些不愿停止内战者。所以在促成停止内战、一致抗日的运动中，文艺协会也有很重大的任务。发扬苏维埃的工农大众文艺，发扬民族革命战争的抗日文艺，这是你们伟大的光荣任务。

【阅读链接】　本文为1936年11月22日毛泽东在中国文艺协会成立大会上的演讲词，选自《红色中华》1936年11月30日第 1 版，原标题为《毛主席讲演略词》，此文标题为编者所加。

【作品简析】 红军长征到达陕北后，高举抗日大旗，吸引了大批文化界人士前来参加抗日救亡运动。为团结文化界人士，在抗日民族统一战线下共同推动文艺工作，丁玲等人倡议组成中国文艺工作者协会。1936 年 11 月，在陕西保安县（今志丹县）举行协会成立大会，毛泽东在会上发表了这篇演讲。他在演讲中指出，当时中国有抗日战线和内战两条战线，要赶走日本帝国主义，首先要停止内战，而阻止内战，需要从文、武两方面着手，文艺工作者要深入前线，鼓励将士打败那些不愿停止内战者。作者在全面抗战到来之前明确提出了斗争方向，高瞻远瞩，对文艺工作者团结抗日是极大的鼓舞。

团结起来，为民族解放而奋斗（节选）

杨虎城

全体同胞们：

今天开市民大会，我受着各位同胞热烈的欢迎，觉得是非常之惭愧。我们应该知道十二日的举动，是一个伟大革命的义举。所有经过，方才张主任委员已报告得很清楚了，现在不必再来重述。兄弟现在所要说的约有几点，希望全体同胞们加以特别的注意：

第一点，我们今天在什么地方开市民大会？死难的先烈，都是为革命而奋斗，为民族解放而牺牲的爱国志士。现在我们既然在这个富有革命性的地方开市民大会，我们唯一所要认识清楚的就是我们国家民族今天到了怎样的地步了。各帝国主义，尤其是日本帝国主义更扩大了向我们的武装进攻，国家民族的危亡，就在目前了。所以今天在革命公园开会，我们就不应忘记先烈伟大的革命精神，大家都踏上先烈为我们打开的血路，一致团结起来，努力抗日，才不负今天这个地方开会的意义了！

第二点，兄弟看到今天会场的热烈情形，使我非常感动。我们记得，过去在这里开会的时候每次所听到的都是“安内攘外”“敦交睦邻”这些口号，群众受到环境的压迫，丝毫没有自由表示自己的意见。若干年来，就在这样口号下，几乎要把中华民国断送完了。直到今天，我们才能真实地表示我们的救国意见，毫无虚伪地提出我们的主张，这才可以说是第一次的民众大会。第一次的民族得到自由的大会。这是今天我觉得非常高兴的。双十二的义举，是真正民意的表现，更是民众自己起来抗日救国热忱的表现。……在过去国家的形势上说，西北各省只是抗日的后方。自日本帝国主义武装进攻绥远以来，也就跟着形势的转变而变为抗日前线了。我们的民众在这种形势下，就应该认清西北民众切身的利害，西北的民众就要团结起来，巩固国防，担负起西北的责任，就应该准备拿起武器，和日本帝国主义拼命，以保全国家民族。我相信西北民众是认清了时代的，是决不怕牺牲的。革命不只是理论和口号所能成功，必须拿热血与头颅硬干才能取得胜利。

【阅读链接】 杨虎城（1893～1949），陕西蒲城人，历经辛亥革命及护国、护法运动，1930 年中原大战后历任国民革命军第 7 军军长、第 17 路军总指挥、陕西省主席等，为西北军首领。1936 年与张学良在西安发动“兵谏”，被囚 12 年后遇害于重庆。本文为 1936 年 12 月 16 日杨虎城在西安市民大会上的演讲词节选，选自泽明等主编《推动历史进程的巨人演讲——世纪回声》第 52～53 页，山西高校联合出版社 1996 年版。

【作品简析】 对于日本侵华，蒋介石不予抵抗，却忙于“围剿”陕北红军，并于1936 年12 月4 日到西安督战，杨虎城与武昌行营主任兼西北剿总副司令、东北军首领张学良于12 日将蒋扣押，发动震惊中外的西安事变。事变发生后，杨、张多次发表讲话，解释此举旨在逼蒋联共抗日。16 日又在西安革命公园召开市民大会，杨虎城发表此演讲。演讲在阐述西安事变伟大意义的基础上，号召全体同胞抵制蒋的“安内攘外”政策，团结一致与日寇搏斗。演讲紧扣爱国这一主线，以开诚布公的语言呼吁全国民众团结抗日，是对“逼蒋抗日”主张的诠释，对促进抗战胜利具有重大而深远的影响。

抗日复土是我们的光荣责任（节选）

张学良

危机四伏、困苦艰难的民国二十五年，已如逝如水般地飞去，关系民族存亡绝续的民国二十六年，又随时序的嬗变俱来，我们当这样的一个新年元旦，想想我们的国家前途，想想我们的故乡惨状，应该怎样决定我们今后的任务？再看看国防潮流的激荡，国内新局面的展开，我们更应该怎样振起我们的精神，坚强我们的意志，认清我们的目标，巩固我们的战线，来为民族国家及至全人类的和平而奋斗？

民国二十五年，即西历一九三六年，谁也知道是世界和平的最后关头，谁也知道是中国存亡的重要关键。列强海军条约在这一年里时效届满，日本作俑于前，其他国家，便也暗度陈仓，卒至明目张胆地实行扩军于后，届时加以清算，结果便是战争。所以世界人士对于一九三六年，总是谈虎变色，我们中国是国际的一环，自然也不能独为例外。现在，这一个年度，已经是勉强地度过，但世界的危机，却因此而益见其严重。事实告诉我们，只有战争才能换取人类的真正和平；也只有战争才能争得被压迫民族的自由与解放。

我亲爱的将士们！在今年具有重大意义的元旦，请你们首先认清这一点。

我们还要认清：去年“双十二”事件是我们国家存亡绝续的分野，我们自相斫杀的内战，是要从此绝迹了，我们抗战复土的光荣战争，是马上就要见之行动了，我们的民族与国家已有了复兴的希望，这显然是我们中国划时代

的一个事件，不独使我们可以期待着国策转变适合了民众的要求，且已投下了一块巨石于国际深潭，忽然飞沫四溅警醒了世界苟且偷安的人士与夫野心帝国主义者的憧憬与迷梦。

……

抗战复土的责任。我们当然不要怕，但也不能忽视这种光荣责任的异常艰巨，因为这样的热血，企求我们的责任能够顺利地完成，争得民族复兴的最后胜利。大家要知道：一个划时代的事件发生之后，必须有一种划时代的精神和行动随着产生，然后这种事件才有了真实的意义，这在我们军人方面，便是立刻加紧我们的抗日训练——精神的、技术的、体力的，三者有一种不够便不能算是好军队，能够担起杀敌复土任务的好军队。

我亲爱的将士们！抗日复土的光荣责任，已经加在我们的肩头了！我们能否担起这种任务？马上就是实验的最后关头，光荣可以属之我们，羞辱也可以属之我们，其中的最后选择，只看我们能否马上就加紧训练起来。

我亲爱的将士们！这当然都是你们无可逃避的责任，我希望你们都能够真干！就干！在我个人，自然也有我本份内所应做到的种种任务，我绝不丝毫忽略稍稍放松。关于这一点，你们务须放心，努力去干，不要有任何的踌躇和疑虑。

我亲爱的将士们！民国二十六年已从今天开始了！这显然是我们民族解放斗争的开端，也正是我们民族复兴的起点，以往，我们也曾为急于“回家”与不甘容忍而怨恶政府，但现在已迥非从前的情形了，我们当此新年开始之日，过去的，只如听其过去，不要再去怨望；现在的，我们必要把握得住，也不必再去讴歌，怨望不足济事，讴歌便有惰心，现在是我们的主张就要见诸行动的时候了。我亲爱的将士们！你们真爱我们文化悠久广土众民的祖国吗？你们未忘我们故乡的父老兄弟和田园庐墓吗？你们知道我们民族的最大敌人，就是强占我们东北四省，现在还在侵略我们中国的日本帝国主义者吗？好了，现在就请你们随着这次的元旦一致努力，加紧训练，待命杀敌，务求在最近的将来收回我们的白山黑水！

【阅读链接】 张学良（1901～2001），辽宁盘锦人，奉系军阀首领张作霖的长子。1920年毕业于东三省陆军讲武堂，1928年6月其父被日本关东军炸死后继任东北保安军总司令，归顺南京国民政府，被任命为陆海空军副司令。西安事变后遭蒋介石父子软禁半个多世纪。恢复人身自由后赴美定居，客死他乡。本文为1937年元旦张学良告东北将士书，原载西安《解放日报》1937年1月1日，此选自泽明等主编《推动历史进程的巨人演讲——世纪回声》第54～56页，山西高校联合出版社1996年版。

【作品解读】 作为西安事变的主角之一，张学良在蒋介石口头答应抗日主张后，于1936年12月25日亲自送蒋乘飞机回南京，蒋却出尔反尔，扣留张并判处其十年徒刑。张忍辱负重，借迎新年与东北军将士共勉。演讲指出西安事变结束了内战，是中国存亡绝续的分野。他勉励东北军精诚团结，振作精神，坚强意志，认清目标，加紧训练，待命杀敌，收复白山黑水，为民族国家乃至全人类的和平而奋斗。张有“少帅”之称，以年轻气盛闻名，为联合各方力量抗日，不计个人得失，敢作敢当。其爱国精神，为后人称颂。

我们要起来组织民众

雷四维

我中华民族全面抗战的局势业已展开了。这是我们五十年来忍辱含垢的最后的总清算，也是我们子孙万代生存权的争取，我们抗战，一方面是为了制裁破坏国际和平的贪婪的黩武者，一方面是为了维护世界的正义与公法。

我们的在与敌军抗战的勇士，他们正在何等勇敢地给侵略者以打击。他们抛掷了大好的头颅，他们洒溅了沸腾的热血，为民族争取一寸一尺的土地。宝山城全营将士的殉国，是多么壮烈的牺牲，八百壮士的死守四行仓库，在四面是太阳旗的当中，使青天白日犹能凌空飘展，这是何等伟大的壮举：我中华民族的浩然正气，将长存于天地之间，任敌人的武器如何精良，轰击如何猛烈，而我忠勇的战士是没有退后，只有前进的，他们以血肉筑成最坚固的工事，他们杀贼的呼声将与太平洋镗鞑的波涛声永传不朽！

敌人的飞机时常到我们内地各处施行残暴轰炸，我空中勇士以最神速的技术与之搏斗，黄浦江的浊水在他们的底下怒号，他们翱翔于太空，让自己的生命给天风提携着，来卫护自家的河山，“轰”然一声，要惊醒敌人的迷梦，造成中华民族自有史以来未有的空军战绩！

试看那沙场之上，那被敌人轰炸过的地方，积尸为垒，流血成渠，无数的生灵，都牺牲于顷刻之间，想起来：战争是多么残酷的事呵！是的，战争本来是残酷的；然而，为了求民族解放的斗争，乃是最神圣的战争！大家都知道：我们要战争，才能生存，有钱的出钱，有力的出力，任何牺牲，在所不顾，我们要将全国的力量都集中于抗日的总目标之下，我们的炮的雷声业已在吴淞海岸边发出惊人的怒吼，我们还要将鲜红的血的国旗重新插上长白山巅，我们要以骨头蘸着热血写出这部伟大的史诗！

当我们一想到前线将士的痛苦，战区难民的流离惨景，而这号称“楚虽三户，亡秦必楚”的湖南的歌舞升平的景象，我们的心应当受一种如何厉害的激动！诸位，我试问你，假若你的父亲，你的母亲，你的兄弟姊妹，你的家，给敌人毁灭了，你将做何种想念？我相信，你一定要打回你的老家去吧！

诸位，伟大的时代，业已临到，我们应该如何地努力工作。我们要拯救我们的国家，复兴我们的民族，歼灭这万恶的日本，这人类的刽子手。然后，我们大家朝着大同世界前进！

【阅读链接】　雷四维，湖南省私立妙高峰中学学生，生平不详。本文为 1937 年 11 月他在该校的演讲词，选自《妙中月刊》1937 年第 16 期。

【作品简析】　全面抗战兴起后，组织民众配合军队作战成为重中之重。集中全国之力于抗日的总目标之下，用骨头蘸着热血书写伟大的史诗，是这篇演讲的主旨。身在歌舞升平的省城，尚存稚气的雷四维心系抗日前线，号召青年学子团结全国民众，为求民族解放而战，消灭人类的刽子手，朝着大同世界前进。本演讲激情万丈，雄浑奔放，生动活泼，铿锵有力，感染力强，很能打动人心。

纪念新四军成立的三周年

叶　挺

三年前，刚在南京快要失守的时候，那时国内团结有很大的进步，西北的人民抗日红军已改编为国民革命军之一部的第八路军，继此之后，在东南各省的红军游击队，也受命集合，改编为新四军。虽然，中间还不无许多折冲、周旋、别扭，但是依赖共产党中央的诚恳的决定的意见与提示，和八个省区的分散的游击部队之忠实于中共与中共的统一战线的政策，特别是项英同志，起着领导决定的作用。所以，我明知道有很多困难，而为了促进团结，想对于国内团结与抗战，尽我自己的力量，我接受了我现在的职务。

汉口成立军部，军部移到南昌，再移岩寺，江南各省部队在岩寺集中，在岩寺点验和训练，江北部队由鄂豫边出发，江南部队之进入苏南与皖南的敌后地区，以及江北部队之进入淮河敌后地区，从事于敌后的游击战，一直到现在，我们已整整打了两年多，大小一千二百六十五战，基本上完成了变敌人后方为前线的光荣任务。整个的三年时间，是匆匆地过去了。时间是很快的，但我们并没有白白地过去。

大家知道这三年当中，别扭、误会、摩擦，是不断地在政治上军事上来烦扰我们；饷款不济、军食不足、军装不备、弹药不充、枪械不补，是在军需上克制我们。我们却不把这些放在心头，大家只有一个志愿，打日本，救中国，即是“抗战”和“建国”，任劳任怨，埋头苦干，这在军事上取得了胜利，在军队建设上，打下了相当的根

基，都不能不说是我们大家光明磊落的民族意识的表现。因为，大家都了解到国难严重的今日，我们不是争地位、争待遇的时候，不管怎样困难，我们也要抗战到胜利，这是每个中国人民的责任，更加是每个共产党员的责任。谁也不曾存过这样的念头，说是我们是被谁雇用在这里抗战的，雇用来抗战的，或拿多少钱抗多少战。没有这回事，我们根本没有这个念头，我们是拿得顶少，但我们愿抗得顶多，问心无愧，我们对得起民族，对得起国家，对得起千百代的祖宗，也对得起自己。

当然，我们还是要说，我们离胜利的时候还有相当距离，且我们的抗战已走过了一段艰难困苦的路程，摆在前面的，还要更艰难困苦，但是我们不怕它，我们还得坚决地勇敢地踏上去。即拿我们部队本身来说，也是这个同样的情形，要求大家把更大的勇气来冲破、来克服这些艰苦。米贵，就吃杂粮；没有新服装，就穿得破一点；没有子弹，就节省，做到一颗子弹打一个敌人，发扬白刃战斗。问题不在这里，我深知道我们三年来的胜利不是由于给养好、军需足、械弹多，而主要是由于我们执行了统一战线的政策，实行了“抗战建国纲领”，做到了军民合作，做到了官兵一致。同时，我也深知道我们三年来的胜利不是可以幸致的，就是在给养贫乏、军需穷困、械弹劣少的条件底下，依靠我们大家的艰苦奋斗的精神，忍受这些艰苦，克服这些困难，才能得到的。

因此，我以为过去的三年，值得我们前后方的指挥员、战斗员及一切工作人员，深自省察。今后，我们要继续发扬我们之所以取得胜利的原因，就是正确执行统一战线，坚决实行抗战建国纲领，完全做到军民合作，完全做到官兵一致。我们做了三年了，不，我们做了十几年了，我们还要一贯地做下去，做得更好。只要这样，就能够克服任何困难，就能够补偿任何我们的客观穷乏。

在纪念本军成立三周年的今天，我愿意这样提出来，作为我们今后大家共同努力的目标。

【阅读链接】 叶挺（1896～1946），广东归善（今惠阳）人。曾任孙中山大元帅府警卫团营长，北伐期间任独立团团长，1927年率军参加南昌起义，任前敌总指挥。抗战期间任新四军军长，1941年在皖南事变中被国民党扣押，1946年出狱赴延安途中遭遇空难。本文为1940年10月12日叶挺在纪念新四军成立3周年大会上的演讲词，原载《抗敌》第2卷第5号（1940年11月），此选自《回忆叶挺》第205～207页，人民出版社1981年版。

【作品简析】 全面抗战爆发后，经国共双方谈判，决定将长江以南8省境内的红军游击队改编为国民革命军陆军新编第四军（简称“新四军”）。1937年10月新四军成立，叶挺任军长，项英任副军长。在叶挺等人的领导下，新四军坚持抗战，不断发展壮大，成为抗日战争时期的主要革命武装之一。在新四军成立3周年大会上，叶挺发表了这篇热情洋溢的演讲。他在演讲中总结新四军在抗战中取得的辉煌成就和重要经验，勉励官兵在统一战线这面大旗下，完全做到军民合作、官兵一致，用团结的力量去克服困难，迎接抗战胜利的曙光。叶挺的演讲，语气平和，情深意切，感人肺腑。透过这篇不长的演讲词，人们仿佛在漫漫长夜中隐约看到喷薄欲出的旭日，平和的晨曦就要洒满神州大地。

克服困难，迎接胜利（节选）

徐向前

今年的“七七”，已是我中华民族反抗日寇侵略的神圣的民族解放战争的第六周年了。以今天的大势看来，也可以说是抗日战争接近胜利的最后一个年头了。同时也是困难更多的年头。回忆过去的六年抗日战争过程中，我们的广大领土被日寇占领盘踞；成千万的同胞，被日寇蹂躏杀戮；难以数计的物质财富，被日寇抢掠焚烧。这一切血海的冤仇，滚沸着每一个爱国同胞的热血，激励着每一个爱国志士的勇气，这是我们争取胜利的先决条件。然而毫不应讳言的，这一切的损失也给予了我们在坚持与反抗中很多的困难，虽然这些困难已是胜利来临前的困难了。只要我国国共两党及其他党派能团结一致，全国军民能同心协力，反攻的措施能积极准备，向抗战建国民主自由的大道迈进，这些困难是可以克服的，而胜利的来临也是可以拭目而待的了。

目前国际反法西斯战争的胜利的曙光已在东升，自苏联红军在斯大林格勒伟大的胜利以后，已使纳粹德国常常自夸的军事机构陷于麻痹。近来北非盟军的胜利，更促进了德、意法西斯崩溃的降临，而盟友美国在太平洋已开始了局部的反攻，也使日寇喘息不安。现在全世界反法西斯阵线已更加巩固，欧陆第二条战线很快可以建立，苏美英等盟国军火生产的不断激增，在我国内对敌正面进攻的阻挡，我华中华北敌后各抗日根据地对敌人不断“扫荡”的粉碎，这一切都证明同盟国家正向胜利之途迈进。再环顾那些法西斯侵略主义者集团：它们常常得意叫嚣的速决战与闪击战是失败与破产了，和平挑拨阴谋的攻势是幻灭了，法西斯统治者内部的倾轧、分歧的日益激烈，兵员日益枯竭，物资日益困难，军火生产日益萎缩，士气日益衰退，民心日益反战。这一切都在证明，轴心国家——法西斯侵略者的丧钟已在高鸣，而崩溃的末日已降临其头上了。

……

我们应当清楚地指出，抗战的六周年是迎接胜利的一年，也是最困难的一年。尤其是我八路军、新四军是处在敌人的不断“扫荡”与我们不断的反“扫荡”中，这种“扫荡”与反“扫荡”在反攻未到来以前是会更加频繁与残酷的，而斗争的环境还是很艰苦的。我们应当看清这种情况，我军全体指战员应更加团结一致，发扬我军艰苦奋斗的光荣传统作风，在党中央、毛主席的正确的政治路线与军事路线的领导下，与敌后的全体人民结成一体，克服一切困难，粉碎日寇的“扫荡”，争取反攻的早日实现，迎接胜利的早日到来。

【阅读链接】 徐向前（1901～1990），山西五台人，1924 年 4 月考入黄埔军校第一期，毕业后留校任排长。历任中国工农红军副师长、师长、副军长、军长，全面抗战爆发后创建冀南抗日根据地，任八路军第一纵队司令员、晋冀鲁豫军区副司令员等。中华人民共和国成立后历任中国人民解放军总参谋长、中央军委副主席、全国人大常委会副委员长、国务院副总理兼国防部部长等职。1955 年被授予元帅军衔。本文为 1943 年 7 月 7 日徐向前在反抗日寇侵略战争 6 周年大会上的演讲词，原载《解放日报》1943 年 7 月 7 日，此选自中央文献研究室、中央档案馆编《建党以来重要文献选编（1921-1949）》第 20 册，第 456～461 页，中央文

献出版社 2011 年版。

【作品简析】 1943 年，抗日战争进入黎明前的黑暗阶段，日寇“扫荡”更加频繁而凶残。徐向前在演讲中以战略家的眼光，指出世界反法西斯战争已取得重大胜利，日军已成强弩之末，丧钟高鸣，末日降临。呼吁国共两党及其他党派团结一致，全国军民同心协力，克服困难，向抗战建国、民主自由的大道迈进，迎接胜利的霞光。演讲词通篇气势恢宏，言辞遒劲，深入浅出，既有胜券在握的豪迈气魄，又有知难奋进的大智大勇，洋溢着赤诚炙热的爱国激情和气吞山河的英雄胆识。

两个中国之命运（节选）

毛泽东

同志们！中国共产党第七次全国代表大会今天开幕了。

……我们这个大会要打倒日本帝国主义，把全中国人民解放出来。这个大会是一个打败日本侵略者、建设新中国的大会，是一个团结全中国人民、团结全世界人民、争取最后胜利的大会。

现在的时机很好。在欧洲，希特勒快要被打倒了。世界反法西斯战争的主要的一部分是在西方，那里的战争很快就要胜利了，这是苏联红军努力的结果。现在柏林已经听到红军的炮声，大概在不久就会打下来。在东方，打倒日本帝国主义的战争也接近着胜利的时节。我们的大会是处在反法西斯战争最后胜利的前夜。

……

我们的希望能不能实现？我们认为是能够实现的。这个可能性是存在的，因为我们现在已经具备了这样几个条件：

第一，有一个经验丰富和集合了一百二十一万党员的强大的中国共产党；

第二，有一个强大的解放区，这个解放区包括九千五百五十万人口，九十一万军队，二百二十万民兵；

第三，有全国广大人民的援助；

第四，有全世界各国人民特别是苏联的援助。

一个强大的中国共产党，一个强大的解放区，全国人民的援助，国际人民的援助，在这些条件下，我们的希望

能不能实现呢？我们认为是能够实现的。这些条件，在中国是从来没有过的。多少年来虽然有了一些条件，但是没有现在这样完备。中国共产党从来没有现在这样强大过，革命根据地从来没有现在这样多的人口和这样大的军队，中国共产党在日本和国民党统治区域的人民中的威信也以现在为最高，苏联和各国人民的革命力量现在也是最大的。在这些条件下，打败侵略者，建设新中国，应当说是完全可能的。

我们需要一个正确的政策。这个政策的基本点，就是放手发动群众，壮大人民的力量，在我们党领导之下，打败侵略者，建设新中国。

中国共产党从一九二一年产生以来，已经二十四年了，其间经过了北伐战争、土地革命战争、抗日战争这样三个英勇奋斗的历史时期，积累了丰富的经验。到了现在，我们的党已经成了中国人民抗日救国的重心，已经成了中国人民解放的重心，已经成了打败侵略者、建设新中国的重心。中国的重心不在任何别的方面，而在我们这一方面。

我们应该谦虚，谨慎，戒骄，戒躁，全心全意地为中国人民服务，在现时，为着团结全国人民战胜日本侵略者，在将来，为着团结全国人民建设新民主主义的国家。只要我们能够这样做，只要我们有正确的政策，只要我们一致努力，我们的任务是必能完成的。

打倒日本帝国主义！

中国人民解放万岁！

中国共产党万岁！

中国共产党第七次全国代表大会万岁！

【阅读链接】 本文为1945年4月23日毛泽东在中国共产党第七次全国代表大会开幕式上的开幕词节选，原载《解放日报》1945年5月1日，此选自《毛泽东选集》第3卷，第1025～1028页，人民出版社1991年版。

【作品简析】 这篇演讲开门见山，先以排比递进方式道出中共七大是打败日本侵略者、建设新中国的大会，是团结全中国人民、团结全世界人民、争取最后胜利的大会，给人以登高临下、无失所秉的印象。继之从欧洲、亚洲的战况推断日本行将失败，又继之分析中国具备了4个前所未有的获胜条件。最后强调有24年历史、积累了丰富经验的中国共产党已成为抗日救国的重心，只要有正确的政策，必能完成消灭日寇的任务。全篇层层剥笋，环环相扣，说理透彻，简明通俗，形象生动，重点突出，有着巨大的震撼力，是团结战斗、走向胜利的动员令。

对日寇的最后一战

毛泽东

八月八日，苏联政府宣布对日作战，中国人民表示热烈的欢迎。由于苏联这一行动，对日战争的时间将大大缩短。对日战争已处在最后阶段，最后地战胜日本侵略者及其一切走狗的时间已经到来了。在这种情况下，中国人民的一切抗日力量应举行全国规模的反攻，密切而有效力地配合苏联及其他同盟国作战。八路军、新四军及其他人民军队，应在一切可能条件下，对于一切不愿投降的侵略者及其走狗实行广泛的进攻，歼灭这些敌人的力量，夺取其武器和资财，猛烈地扩大解放区，缩小沦陷区。必须放手组织武装工作队，成百队成千队地深入敌后之敌后，组织人民，破击敌人的交通线，配合正规军作战。必须放手发动沦陷区的千百万群众，立即组织地下军，准备武装起义，配合从外部进攻的军队，消灭敌人。解放区的巩固工作仍应注意。今冬明春，应在现有一万万人民和一切新解放区的人民中，普遍地实行减租减息，发展生产，组织人民政权和人民武装，加强民兵工作，加强军队的纪律，坚持各界人民的统一战线，防止浪费人力物力。凡此一切，都是为着加强我军对敌人的进攻。全国人民必须注意制止内战危险，努力促成民主联合政府的建立。中国民族解放战争的新阶段已经到来了，全国人民应该加强团结，为夺取最后胜利而斗争。

【阅读链接】　本文为 1945 年 8 月 9 日毛泽东在延安发表的演讲词，选自《毛泽东选集》第 3 卷，第 1119～1120 页，人民出

版社 1991 年版。

【作品简析】 1945 年 7 月，世界反法西斯战争进入最后胜利的阶段，26 日，中、美、英三国发表《波茨坦公告》，促令日本立即无条件投降。但日本政府对公告“不予理会”。8 月 6 日和 9 日，美国先后在日本广岛和长崎投下原子弹。苏联于 8 月 8 日对日本宣战，次日进军中国东北攻打日本关东军。在世界反法西斯战争胜利发展的形势下，中国解放区军民展开了对日全面反攻作战。8 月 9 日，毛泽东发表这一演讲，欢迎苏联对日作战，号召一切抗日力量举行全国规模的反攻，以配合苏联及其他同盟国作战，扩大解放区，缩小沦陷区，并在解放区实行减租减息，发展生产，为夺取最后胜利而斗争。演讲要言不烦、庄严有力，吹响了中华民族最后战胜日本法西斯的进军号角。6 天以后，日本宣布无条件投降，中国人民迎来了胜利的曙光。

后记

我们编撰过多种著作，选编这样小部头的书却是头一遭。此书篇幅不大，耗费的时间和精力还真不少，这是我们始料未及的。

今年过完春节不久，我们在进行抗战田野考察途中接受约稿，心有灵犀之感油然而生。这种感受，非亲身体验者难以描述。兴奋之余，我们因能给纪念抗战多做一件同类事情而愈加高兴，还以为本书难度不大而信心满满。

然而，进入实际操作之后才发现，许多问题并非我们当初想象的那么简单。抗战时期各种演说此起彼伏，留下的演讲词数量不少，从何处入手遴选是首先碰到的难题，选择的标准接踵而至，分类、平衡、介绍、导读继之而来……

抗战既是全民族的大事，唤起民众的演讲自然不是某一个人或某一阶层的单独行为，故本书所选演讲词的作者，既有毛泽东、周恩来这样的共产党领导人，又有李宗仁这样的国民党领袖；既有叶挺、徐向前这样的新四军、八路军将领，又有冯玉祥这样的国民党军队指挥官；既有沈钧儒这样的辛亥革命元老，又有宋庆龄、李公朴这样的爱国民主人士，还有李志果、李竹瞻这样的爱国华侨；既有华振中这样的地方政府官员，又有郭德洁这样的妇女工作者，还有陈独秀、郭沫若这样的文化名人；既有张伯苓这样的大学校长，又有朱庆琪、莫衍恭、雷四维这样的中学生，还有金娇美这样的小学生；既有名不见经传的布衣百姓，又有不具名的作者……林林总总。由此可以看出，当时的演讲台上，不同职业、不同身份、不分党派的演讲者从不同的角度提出抗日救国的方略，发出感情激越的时代强音。

由于我们被手头的其他事情挤占时间，此书是在手忙脚乱中成型的，其中的不足来不及弥补，遗憾至深。若有修订机会，我们定将倍加珍惜，予以完善。百尺竿头，更进一步，是我们的孜孜以求和殷切期待。梦想成真日，未知在何时，有一点则始终不渝，那就是我们不会停下前行的脚步。

广西教育出版社的领导及编辑为本书的出版费尽了心力，从选题策划到内容的框定，他们都做了精心指导，特此致谢。

收入本书的作品，是从众多演讲词中反复筛选出来的。其间，广西师范大学历史文化与旅游学院的研究生黎春晓、王抒慧、张凯、陈恒慧，以及本科生玉思兰、石梦玲等人，参与了部分原诗的摘抄和校对工作。有的演讲词最初用蜡纸刻写发表，有些刊登演讲词的报刊已经破损，字迹漫漶不清，有的还选了又删，吃力不讨好，但他们毫无怨言，我们大为感动，于此谨表谢忱。

黄振南　陈　峥

2015 年 8 月 5 日